大单元教学下深度学习案例研究

张骋 吴文俊 著

中国科学技术大学出版社

内 容 简 介

本书阐述了研究在大单元教学背景下深度学习的现实意义,描述了"大单元教学""深度学习"的内涵与方式、特征与要素,给出了在小学数学领域进行大单元教学背景下的深度学习的实施策略。从"数的运算""图形的认识""概念的建构""数学思想的获得"4个主题中选取了"计算""三角形""比与比例""数学广角"等单元,写明学之困、教之惑,对不同版本教材编写结构的利弊进行探析,在分析教材地位和结构、学生学情前提下,提炼单元主题、重构教材,围绕学科知识本质和核心素养培养,详细地展示了进行大单元教学的设计方法。

本书为广大一线教师提供了操作性强、可借鉴度高的案例,以推动小学数学高品质课堂建设,可供小学数学专业教师使用。

图书在版编目(CIP)数据

大单元教学下深度学习案例研究/张骋,吴文俊著. --合肥:中国科学技术大学出版社,2024.9

ISBN 978-7-312-05904-9

Ⅰ. 大… Ⅱ. ①张…②吴… Ⅲ. 小学数学课—课堂教学—教案(教育)—研究 Ⅳ. G623.502

中国国家版本馆 CIP 数据核字(2024)第 080641 号

大单元教学下深度学习案例研究

DA DANYUAN JIAOXUE XIA SHENDU XUEXI ANLI YANJIU

出版	中国科学技术大学出版社 安徽省合肥市金寨路96号,230026 http://press.ustc.edu.cn https://zgkxjsdxcbs.tmall.com
印刷	合肥市宏基印刷有限公司
发行	中国科学技术大学出版社
开本	710 mm×1000 mm 1/16
印张	15.25
字数	299 千
版次	2024年9月第1版
印次	2024年9月第1次印刷
定价	48.00元

前　言

1950年至今，我国小学教育共经历了8次课程改革。在第八次课程改革中，通过调查发现：87%的学生表示喜欢有操作、实验和讨论交流的课堂，13%的学生喜欢以老师讲授为主的课堂。可以看出，教师的教学方式仍然制约着学习方式。陈静静博士2018年在《教育发展研究》第15/16期上发表了《课堂的困境与变革：从浅表学习到深度学习——基于对中小学生真实学习历程的长期考察》。她对数千个课堂的学生学习过程进行了基于证据的课堂观察，发现当前课堂的最大困境在于学生普遍存在"虚假学习""浅表学习"和"逃避学习"的情况，从而产生了很多的"学困生"。主要原因是"高速而压缩化"的课堂教学进度与"缓慢而复杂"的学生学习历程之间有巨大落差，使得学生的真实需求没有得到足够的关注和回应，因此提出变革课堂困境，让学生从虚假学习、浅表学习走向深度学习，并给出了深度学习模型。

幸逢"小学数学名教师工作室"成立，张骋作为主持者，思考工作室的研究方向，想把教学最本质的层面带到老师面前。从习以为常的以关注教师"怎么教"为主体，转到关注以学生"怎么学"为主体；从教学设计转向学习设计，于是便有了以"深度学习课堂教学模式"为方向进行的实践。老师们认识到，数学知识整体关联性强，同一个领域内的各个方面以及不同的领域之间都存在着相辅相成的网状关系，现行各个版本的数学教材都是以单元的形式编排。在目前的教学实践中，大多数教师仍然采取"一课一备"的方式，把零散的知识点讲给学生，这使得学科内部各个领域之间没有建立紧密的联系，学生也难以建立完整的知识构架，不利于学生数学思维的发展。要想实现深度学习，需要对单元知识进行整合，有效组织单元整体教学体系，完整地设计每个单元的学习内容和学习活动。在本书当中,我们选取了人民教育出版社出版的义务教育教科书《数学》(一至六年级,上下册)中的 4 个单元进行示范:计算专题涵盖了 12 册教材,把小学数学教材中关于"加、减、乘、除"的计算教学视为一个单元进行规划,从如何让学生掌握算理算法出发设计教学活动;"比与比例"的相关内容分布在六年级上、下册,而"比与比例"的各知识点有着不可分割的联系,故本书将其进行大单元备课,从意义的理解到概念的运用逐步递进,引领学生在已有知识经验的基础上去建构相关知识体系;"三角形"这一单元在教材中安排在四年级下册,内在知识逻辑有欠缺,因此从怎样进行单元规划进行了示范;"数学广角"作为数学思想与方法蕴含的载体,也在书中给出了示例。这 4 个大单元规划,基本涵盖了小学数学大单元主题教学所有情况。

心理学家卡尔·罗杰斯(Carl Ransom Rogers)将前面提到的"学困生"称为"课堂上的观光者",这些"观光者"从不参与、从不兴奋,他们很少被教师关注到,仅仅只是待在课堂上而已。怎样才能激发他们,让他们主动发表观点,改变他们"虚假学习""浅表学习"和"逃避学习"的状态? 因此,课题组的老师们选择尝试"以'倾听'为核心的学习共同体建设"。在拉丁语中,"倾听"的含义是"以恭敬的态度去听取对方的声音"并"通过接受对方的声音,成为了对方世界的参与者"。

通过形成彼此关注、关怀和鼓励,师生之间构建一种平等和谐的"公共关系"。那么在"探究活动—协同学习—表达分享"的学习过程中,可将学生学习的逻辑、空间、过程进行完整的展现;把所有学生的学习历程显性化,让学生可以进行积极的、高品质的思维活动,借助自我话语和共同体话语,在自己与共同体的张力中不断重构,形成学习力。在学生学习的同时,教师了解学情动态,不断地调整和深化教学,提升学生的学习效果,可以最大限度地促进学生学习的主动性、独立性、独特性、体验性、问题性、交互性、生成性,从根本上阐释学习的意义,使学习成为一种使人可以得到持续变化的行为方式。本书中的范例包括了"课前探究单""课堂学习单""课后作业单"等部分,以此引领学生的认知进程。在课堂学习中,设计了"关键问题"和"探究活动",让不同类型的学生都可以独立思考。"交流分享"环节最能体现师生在"倾听"关系下的绿色课堂生态。在21世纪,自主学习已是人们不断满足自身需要,充实原有知识结构,获取有价值信息,并最终取得成功的途径。改革学习方式是人类寻求进步的内在要求。

在本书写作过程中,参与研究的老师们进行了课例实验,并由张骋负责实验规划和总结。书中第一章的第一节、第二章和第三章的第一节到第十五节由张骋撰写,第一章的第二节、第三章的第十六节到第二十一节以及第四章由吴文俊撰写。在此,还要感谢支持、指导我们的领导和专家!

由于水平有限,书中疏漏之处不可避免,请广大读者批评指正。也期待老师们再研究、再发现,为实现学生的高品质学习展开更多的思考,让课堂变成一首和谐的"交响曲"!

张骋　吴文俊
2024 年 4 月

目　　录

前言 ……………………………………………………………………（ⅰ）

第一章　开展大单元教学背景下深度学习研究的思考 ……………（1）
　第一节　从观察开始的思考 ………………………………………（3）
　第二节　课堂上那些看不见的事儿 ………………………………（7）

第二章　图形与几何大单元教学案例："三角形" …………………（10）
　第一节　"三角形"大单元教学设计 ………………………………（10）
　第二节　"三角形"第一课"实践课" ………………………………（24）
　第三节　"三角形"第二课"认识课" ………………………………（27）
　第四节　"三角形"第三课"探究课（一）" ………………………（31）
　第五节　"三角形"第四课"探究课（二）" ………………………（34）
　第六节　"三角形"第五课"探究课（三）" ………………………（39）
　第七节　"三角形"第六课"推理课" ………………………………（45）
　第八节　"三角形"第七课"成长课" ………………………………（51）
　第九节　"三角形"第八课"建构课" ………………………………（55）

第三章　数与代数大单元教学案例："比与比例"和"数的运算" …（62）
　第一节　"比与比例"大单元教学设计 ……………………………（62）
　第二节　"比与比例"第一课"预备课" ……………………………（83）
　第三节　"比与比例"第二课"建构课（一）" ……………………（86）
　第四节　"比与比例"第三课"探究课（一）" ……………………（91）
　第五节　"比与比例"第四课"探究课（二）" ……………………（95）
　第六节　"比与比例"第五课"建构课（二）" ……………………（98）
　第七节　"比与比例"第六课"建构课（三）" ……………………（102）
　第八节　"比与比例"第七课"探究课（三）" ……………………（105）
　第九节　"比与比例"第八课"建构课（四）" ……………………（108）

第十节　"比与比例"第九课"建构课（五）" ……………………………… (114)
　第十一节　"比与比例"第十课"探究课（四）" …………………………… (120)
　第十二节　"比与比例"第十一课"探究课（五）" ………………………… (122)
　第十三节　"比与比例"第十二课"探究课（六）" ………………………… (125)
　第十四节　"比与比例"第十三课"应用课" ………………………………… (130)
　第十五节　"比与比例"第十四课"提升课" ………………………………… (134)
　第十六节　"数的运算"大单元教学设计 …………………………………… (142)
　第十七节　"数的运算"（加减法）第一课"建构课（一）" ……………… (166)
　第十八节　"数的运算"（加减法）第二课"建构课（二）" ……………… (169)
　第十九节　"数的运算"（乘法）第一课"建构课（一）" ………………… (173)
　第二十节　"数的运算"（除法）第二课"提升课" ………………………… (178)
　第二十一节　"数的运算"（加减法）第五课"提升课（二）" …………… (181)

第四章　综合与实践大单元教学案例："数学广角" ………………………… (186)
　第一节　"数学广角"大单元教学设计 ……………………………………… (186)
　第二节　"数学广角"第一课"启蒙课" ……………………………………… (204)
　第三节　"数学广角"第二课"感悟课（一）" ……………………………… (207)
　第四节　"数学广角"第三课"感悟课（二）" ……………………………… (210)
　第五节　"数学广角"第四课"建构课（一）" ……………………………… (214)
　第六节　"数学广角"第五课"建构课（二）" ……………………………… (218)
　第七节　"数学广角"第六课"实践课（一）" ……………………………… (222)
　第八节　"数学广角"第七课"实践课（二）" ……………………………… (228)

参考文献 ……………………………………………………………………………… (234)

后记 …………………………………………………………………………………… (235)

第一章　开展大单元教学背景下深度学习研究的思考

教育的目的是什么？怀特海指出："教育的对象是有血有肉的人，教育的目的应在于激发和引导学生的自我发展之路。"当今"立德树人""五育并举""以学定教"已成为教育共识，"学习"应作为育人方式改革的出发点和基石。实施在大单元教学背景下的深度学习是深化基础教育课程改革的必然选择，是核心素养教育落地的实现机制，是落实立德树人的智慧之旅，是我国全面深化课程改革的重要途径。

目前，教学变革的"模式化""程序化"倾向严重，"形式化""浅表化"问题突出，很多教师依然走在"满堂灌"和"满堂问"的老路上，甚至于很多教师并没有思考或忽略了学生的认知特点、规律、学科本质以及教学规律，忽视学生的思维过程，导致学生的独立思考极其有限。

信息时代，人与机器共存，当死记硬背所获得的知识可通过网络搜索即得即知时，学生应该学什么、怎么学，教师教什么、怎么教的焦虑感逐渐上升。新的时代呼唤教学变革。

在大单元教学背景下，深度学习从"学什么""怎么学""学会什么""怎么评"四个方面引领教师思考"什么样的学习内容更有价值""什么样的学习目标更有意义""什么样的学习方式更有利于实现学习目标""什么样的方式能更好地检验学习效果"。传统的教研形式，更多的是对单一课时的备课、授课、观课、评课，满足不了一线教师成长需求，解决不了教学困惑，现实压力期待并迫生出适合的、触及本质的教研形式。

唤醒或改造以往的经验再将以往经验融入当下的学习并提升、结构化的过程中，经验的参与，使学习有生长的根基，可将知识转化为与学生个体有关联的内容；同时，因对知识的学习，经验则成为自觉的、有意义的内容，成为沟通学生学习与人类认识发现之间的重要桥梁。学生以建构的方式学习，个体进行再关联、再建构，形成知识结构。"联想与结构"成为学科学习的基本模式，成为新的学习方式。达成"联想与结构"，需要设置"问题"，这是以学生主动活动为特征的。活动与体验相伴，主动活动，必定引发内心体验；理性而高尚的体验，必定在有意义的社会活动中生发。深度学习正是要使学习内容及关于学习内容的学习方式成为学生发展自己的养分与手段。

深度学习过程中的活动典型地再现了知识发现或发明过程中人与人的相互依赖、信任、竞争和合作。学习过程本身也是学生体验社会性情绪、情感，进行积极正向社会化的重要经历。学生会自觉思考所学知识在知识系统中的地位与作用、优势与不足、用途和局限；对所学知识及学习过程主动进行质疑、判断与评价，既主动积极内化知识，又客观冷静保持一定的距离；既主动进入学习的过程，又对学习活动过程以及方式批判反思。那么学生获取了"人"的成长的隐形要素，也就是在迅速变化的世界中生活所需要的远大的志向和坚强的意志，拥有了批判性思考和问题解决能力，获得了有效沟通和写作能力，具备了学习思维、学习策略和积极的学习心向。教学要成为培养人的社会活动，需以人的成长为宗旨。

综上所述，教育的应对的方式必定是走向大单元教学背景下的深度学习。

时至今日，当前的课堂困境，即存在的"虚假学习"和"浅表学习"，产生了很多的"学困生"和"伪学优生"，其主要原因就是"高速而压缩化的课堂教学进度与缓慢而复杂的学生学习历程之间存在巨大落差"，学生的真实学习需求未能得到相应的关注和回应，从而陷入了"学习障碍"的死循环。

从 2015 年 PISA（Program for InternationalStudent Assessment）测试中可知，中国四省（市）学生取得了数学第 6 名、科学第 10 名、阅读第 27 名的成绩。上海市教育科学研究院陆璟研究员深度解读 2015 年的 PISA 成绩结果后指出：中国四省（市）科学素养低于 2 级水平的学生占 16.2%，数学素养和阅读素养低于 2 级水平的分别是 15.8% 和 21.9%。更为严重的是，中国四省（市）有 10.9% 的学生同时在科学、数学和阅读三个领域低于 2 级水平，是科学成绩前 10 位的国家（地区）中唯一一个超过 10% 的，这些学生在适应未来工作和生活时会遇到较大的困难，需要接受补偿教育才能适应。

两年多以来，课题组的老师们跟踪观察、收集学生学习过程中的表情、动作、言语、对教师提问的反应、与其他同学的互动、学习过程中独特观点、学习风格、学习状态的变化过程、学习成果，对这些信息进行分析，总结出"学困生"都经历了这样的失败历程："参与学习—遇到困难—发出求救信号—无回应—未能完成学习任务—收到负面评价—失去兴趣—逐步放弃"。下面将列举这些观察研究。

第一节 从观察开始的思考

一、一次不期而遇，让我重新检视教学

张骋老师从教三十余载，一直觉得自己做得最好的地方是对学生学习困难的关注与把握。起初张老师会在和学生交谈的过程中，直接说出他的想法、他的顾虑，得到学生承认后，用再讲解或者画图等方式，让他学会。后来，张老师开始担心自己的判断不够准，而学生会因为不清楚自己的障碍或者畏惧老师而盲目首肯，于是给学生几个选项，让其选择，以获得更准确的信息，再针对性予以解决，因此获得同行、同事、家长的认可，并解答他们的咨询，也让学生的学习变得轻松。

直到2019年的4月，张老师听了陈静静博士所作的《深度学习与学习共同体建设》讲座，了解到她说的"实证研究法"中"完整的学习证据链"的收集之后为之一振。陈博士的讲座抓住听众的每一根神经，张老师也被深深地吸引。陈博士对学困生的详细描述，和张老师以往的经验重叠在一起。张老师开始研究早在2015年就接触到的"深度学习"，买了《教师花传书》《学校的变革》《深度学习课例》，越读越坐不住，站在讲台上，开口变得困难，"虚假学习"在眼皮下发生，"浅表性学习"被习以为常，虽然关注学生的困难，但没有关注学生的"求救"，没有捕捉到"关键事件"，到头来也没有从真正意义上完全打开每一个学生的学习方式，对此张老师深感汗颜。

恰逢工作室成立，张老师以"深度学习的学习共同体建设"作为研究任务，开启了探索之旅，并选择了一个给她留下很深印象的学生进行了观察。

二、一次观察记录，体会学困生的真实学习过程

在"8和9的认识"一课，张老师布置学生们用带来的小棒进行分配。小彤这个很活泼的女孩积极响应，满脸开心地摆起来。分完后，张老师要求学生把刚才的过程用"8可以分成（ ）和（ ）"的句式说出来，与大家分享。小彤的脸上闪过一丝惶恐，紧张代替了刚才的兴奋，眼睛瞪着黑板，估计她是没有想到"玩"过小棒，还有任务。等张老师喊了别的同学回答，她的慌张才稍稍平息。她听了别人的回答

后,也举起了手,因为她感觉到这也是她刚才操作的结果,然而等喊她回答时,她激动得满脸通红,却已忘记了要说什么。

到了看图说算式的环节,小彤又一次紧张起来,她看着图,嘴里念叨着,就是不敢举手回答,为了避免加重她的紧张情绪,张老师没有让她回答。因为有图的支撑,学生们都能很轻松地说出算式,小彤的脸上既有听懂的欣喜,也有不确定的疑惑,具体是什么,张老师并不知道。到了摆脱图直接填写算式的结果环节时,张老师看向小彤,她低着头认真地写着,速度明显慢于别的学生。张老师走到她身边,看见老师来了,小彤又一次紧张起来,她低着头,右手伸在桌面上,原来她在数手指,又怕老师发觉。请她回答结果,她说不出来,别的学生急着替她说出答案,她更加紧张,一会看向算式、一会看向张老师。张老师教她看黑板上的分成,看分成说算式和结果。她在停顿之后,说出了算式,当直接出示算式时她又说不出来,且越鼓励快点说出来,越说不出来。同时,其他学生已经失去耐心,不再关注小彤的答案,开始做自己的事。

课后,张老师将小彤的状况告知家长,并给予方法进行训练。第二天的课堂,小彤依然不能很快说出算式结果,还在偷偷地数手指,因为她认为数手指比想分成简单好操作,是她认为的快捷有效的方法。

张老师想起了学困生的蜕变历程:参与学习—遇到困难—发出求救信号—无回应—未能完成学习任务—收到负面评价—失去兴趣—逐步放弃。学生很难通过自身的力量打破这个"学困生的死循环"(图1.1)。

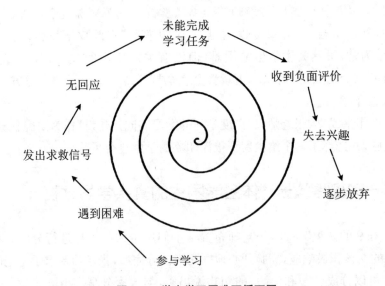

图1.1 学生学习困难死循环图

张老师针对小彤在常规课堂上的学习状态给予了"解决办法",然而她觉得这并不能让她摆脱学困生的困境,没有一种课堂形式能让小彤这样的学生经历一次从容而又有自我价值的探索,这样的课堂对小彤、张老师以及同时在场的其他学生,都不是最好的选择。

三、一次自我批判,开启对建设学习共同体的探索

虽然张老师给出了一个解决小彤困境的方法,然而这仅仅是补救的措施。张老师看似关注"不懂",不放弃"边缘化的学生",然而这种关注反而增加了小彤对课堂的恐惧,打击了她的信心,并未解决问题,这让她开始动摇。这种"浅表学习"是老师制造出的学习行为,以机械记忆和反复操练为主,思维缺少深度加工,难以迁移和深化。小彤对分成的学习和将其应用于计算的困难到底该怎么解决?这迫使张老师尝试"学习共同体",以帮助每一个孩子重构学习力。

佐藤学老师把"学习"定义为三种对话:学习是自己与他人的对话、自己与自己的对话以及自己与客观世界的对话。这种对话如何变成一个共同体,需要我们进行课堂转型,从老师独白的课堂,变成所有学生平等思考、共同对话,形成一种相互协同的交响乐式的课堂。

学习困境并不是坏事,学生的学习动机最初就产生于"学习困境",在数学学科情境下表现为"两难困境"。这种不能解决、不能突破、不能言明的状态就是"认知冲突"。这种强烈的心理矛盾状态,会引发探究冲动,促使学生不断寻求解决方案,通过冲突、理解、分析、试错、验证、修正、重构等一系列心理过程,学习者完成头脑中的思维过程,然后还要通过社会互动,到他人那里去寻求验证或者寻找新的解决方案,通过倾听他人来完善自己的方案,从而更好地解决认知冲突,并从中体会到学习的成就感和乐趣,产生的新的学习动机,从而使学习不断持续和深化。要使学生产生持续学习的内部动机,必须经历复杂的思维、心理和社会过程。这需要教师在课堂上对学生的学习历程给予专业的、细腻的回应,这就是"学习共同体"的价值,也是课堂教学的基本规律和原则。

教师应该着力于"问题设计"和优化倾听关系,给足学习时间、活化学伴关系、提供个体帮助,组织公共分享与发表活动、促进探讨,进一步澄清、纠正与推高学习,形成思考力(图1.2)。

因此,张老师想这节课是否可以重新设置流程:

第一步,学生差异分组后进入小学学习状态。

第二步,教师提出任务——"将8根小棒分成两份,你想怎么分?有几种分法?"学生在小组内先独立分配,然后记录下每种情况。

第三步,小组内先进行交流,大家轮流说出自己的成果。老师提示:"别人说过

的就说'我还有一种分法'来补充。"

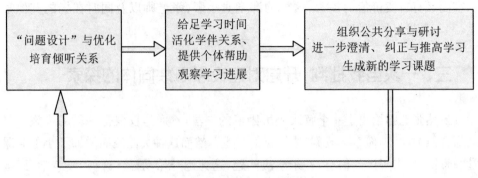

倾听引发深度学习

图 1.2　学生真实学习历程示意图

第四步，学生在互相交流的基础上对自己的分法进行验证，重新记录，形成小组意见。

第五步，小组分享交流，小组与小组互相评价。

第六步，教师给予任务"根据图片说出加法和减法算式"，小组内学生两两讨论，并派代表组内交流。

第七步，小组分享展示，并接受其他小组的提问和质疑。

第八步，进行竞赛活动"看谁说得又对又快"。小组长出示卡片，轮流回答，听众判断正误并思考"怎样才能答得又对又快"。

第九步，全班交流展示，挑战擂台赛。

这样的课堂是从"独白"到"交响"的课堂。首先，从动机情感上来说，学生处于一种全身心地投入、身心愉悦、充实的学习状态，学习者是忘我的，不知疲倦的；其次，从认知的角度上看，学生的思维不断深化，向高阶思维阶段（分析、评价、创造）发展，学习者能够不断自我反思与调节，通往自发的创造；从人际关系的角度来看，学习者对自己的学习充满信心，能够与他人有效沟通合作，且能共同克服困难解决问题。这样的课堂是有温度、深度、真实度的课堂，深度学习随之而生。

当张老师经历了这样一个过程后，就特别期待观察在这样的课堂中的小彤和小彤这样的学生，了解他们的学习真实发生的整个过程。

第二节　课堂上那些看不见的事儿

一、缘起

吴文俊老师执教的603班的吴同学是一个虎头虎脑的小男孩,长着一双机灵的大眼睛。不带他课的老师都会认为他是个聪明的,成绩很不错的孩子。其实不然,吴同学成绩不理想,在班级中处于末位水平。

吴同学并不是那种上课一点都不听的传统"差生",他很听老师的话,尤其是比较听吴老师的话。他在课堂上很配合老师,坐姿很端正,很遵守课堂纪律,遇到一般难度的问题还会很积极地举手。但是,头疼的问题在于,他的作业书写得非常马虎,经常出现大面积空题。这应该就是导致他成绩不理想的直接原因。问题的根本原因在哪里?他是不会做作业还是不想做作业,或有其他原因?不会做作业的根源问题是否还是课堂?是课堂的哪个环节出了问题?一连串的问题答案难寻。因此,吴老师决定走近他,关注他,去探个究竟。

二、观察

这天教学的内容是"百分数的认识",吴老师课前布置了学习任务单(图1.3)。

第一次,课开始(0～5 min),吴老师先让学生们汇报生活中出现的百分数,这时吴老师看见吴同学高高举起的小手,于是喊起了他。他响亮地回答:"玩游戏的时候,游戏下载了70%。"吴老师随即夸奖了他,并把他找到的百分数记录在黑板上。这时吴老师观察到吴同学的精神状态是非常亢奋的。

第二次,开课大约第15 min,这时进入了全课重要环节——"百分数意义的解释"阶段。这时已经看不到吴同学高举的小手了。他的头也低了下去,生怕老师喊到的样子。于是,吴老师先没有喊他,而是让李同学回答"电脑安装程序正在格式化,已经格式化了14%"这里的"14%"是谁占谁的14%?李同学的回答非常完整。吴老师问同学们是否赞同,这时又听到了吴同学响亮的应和声:"同意!懂了!"于是,吴老师又抓住了这次机会,让吴同学再解释一遍。吴同学站起来,声音像小蚊子哼:"已经格式化的是未格式化部分的14%。"全班一片哗然。同学们高呼:"你没听课是吧?"吴同学一脸的尴尬。随后,其他同学又进行了解释,这里是把"已经格式化的"和"格式化总量"在比,"格式化总量"是标准。吴同学又积极地点头应和,感觉是真懂了。但是,从课后作业中看,吴同学遇到解释百分数意义的题目还是空着的,他还是不知道怎么写。

学习任务单

1. 找一找生活中的百分数,想一想它们表示什么意思(举2个具体例子说明)。

_____

_____

2. 对于百分数,你还想知道什么?还有什么疑问?

_____

_____

3. 读一读。

　　　　17%　　　　45.8%　　　　100%　　　　140%

读作:

　　(　　　)　(　　　)　(　　　)　(　　　)

4. 写一写。

　　百分之九　　　百分之六点五　　　百分之二百七十

写作:

图1.3 "百分数的认识"学习任务单

第三次,课开始大约第25 min,本课的难点是"分数和百分数有什么区别?"这也是课前孩子们提出的疑问"有了分数,为什么还要百分数?"因此,这个环节,吴老师设计了小组讨论。于是,吴老师有了第三次对吴同学的观察。他们小组里有一个很出色的孩子,是朱同学。朱同学明显是小组里的主导者,她清晰地表达了自己的观点。小组内另外两个孩子成绩中等,也发表了自己的看法。吴老师看吴同学在一旁默默地倾听,没有发表任何意见。但是,汇报环节,他却高高举起了小手,声音响亮并且准确地复述了朱同学的答案,不仅包括分数和百分数意义上的区别,还涉及读写法的区别。孩子们不约而同地给他以掌声。后来在基训上出现"下面哪个分数可以换成百分数,哪个不能?"的问题时,吴同学的准确率果然很高。

三、后思

通过仔细观察吴同学的课堂学习,吴老师心中产生了更多的疑问,像吴同学这样的孩子,为什么学习有很大的困难?为什么独立作业有很大的困难?为什么明明感觉很认真在听,但老师和同学们刚刚讲过的原话也复述不了?而在小组合作中他的学习效率明显有了提高,好像有了同伴的合作,他就变得更加自信是很重要的一个原因。然而是不是整节课都要小组合作呢?还要如何改变在小组合作中他只愿意作为倾听者、观望者的角色呢?这些问题目前尚未找到答案,还要等待进一步的研究。

通过观察,可以得出共识,对大单元教学背景下的深度学习的设计能帮助学生刻画一个单元主题清晰的、内容连续的学习轨迹,打通从知识到核心素养的通道。

第二章　图形与几何大单元教学案例："三角形"

第一节　"三角形"大单元教学设计

一、缘起

（一）学生学习图形与几何存在的障碍

1. 既有经验对几何概念学习的促进和阻碍

如数学上把"由一个点向不同的方向引出两条射线所组成的图形叫作角"，而学生错误地把日常中的"拐"当成几何概念，这是因为几何概念与生活经验在语义上不一致。如学生把日常生活中的"竖直"当成几何概念中的"垂直"，是几何概念与日常经验在语汇上相近影响概念学习。再如，学生面对"线""直线"的抽象概念时，会不由自主地用"毛线""线绳"的经验来理解，因而对"直""无限"等本质属性的认识难以摆脱临近经验的影响。

2. 认知的结构和方式对概念建立的影响

数学知识是需要经过学生主观改造后形成，同时与心理结构相互作用。学生头脑里的数学认知结构是不断发展变化的动态结构，是一种多层次的组织系统。如学生学习三角形及其面积计算时，大脑里一方面会调动三角形的概念和性质，另一方面会在头脑里对这些知识内容进行接收、储存、提取等一系列活动。

个体差异影响学生对几何概念的学习和掌握。原有认知结构中对面临的学习起奠定作用的观念的可利用性差，会阻碍对概念的学习。例如，若是对平行的概念没有起固定作用，就不可能形成对三角形的高的认知结构。

学生通常是在认知过程中采用习惯性的方式，各有特点，导致学生的学习进不同,对概念建构也会产生影响。

3. 抽象思维能力发展不同

几何学随着社会发展和人类生活需要而诞生和发展,对几何学知识的学习要求学生具有超强的抽象思维和严谨的逻辑推理,需要具备一定的生活积累和相应的观察与分析能力,尤其是"面"附着于"体"这样抽象的难点。在立体的世界里认识平面图形、探索其性质会让相当一部分学生产生疑思。学生到底是真懂还是假懂,抽象能力是否得到培养难以考察。这就要求教师首先要培养学生学习图形与几何的兴趣,在教学时尽量结合生活实践,多提供现场实景,多引导学生观察身边常见实物的形体,增加感性认识,通过画一画、拼一拼、剪一剪、找一找、看一看、比一比、摸一摸、折一折等活动体验图形的实际应用与变化,将抽象概念转为直观认知。

4. 直观、感知对认知的影响

直观、狭义地说就是用眼睛看,广义地说则是由包括听觉、味觉、触觉、嗅觉等在内共同获得的感知。数学只是在一定程度上认可眼见为实,并不完全认为眼见为实。

(二) 教师教学上的困惑和偏差

现行人教版小学数学教材中的"图形与几何"单元,使用的素材取自现实生活,与几何图形专有的表达形式不能完全等同,加上专业知识需要严谨、抽象以及专有的表达形式,这通常让教师在术语表达上产生错误。

数学教材已经历几轮改革,一些术语的变化给教师教学带来的不利影响还在延续,例如,"三角形的稳定性"的概念是在2013年的秋季教材中才与"稳固性"区分开的,这也让本身学科基础不够扎实和缺乏对知识本质追求的老师们陷入纠结,使得教师无法在选择素材和使用语言时突破窠臼。

在教学中教师通常把培养空间观念作为本单元的终极教学目标,而对逻辑思维和演绎推理的强调并不重视。教师比较重视从生活中抽象出图形的过程,轻视将图形及其特性应用到生活中去。

"图形与几何"单元是抽象思想的典型演绎,教师通常会采用教具和多媒体落实对抽象思想的渗透。学具缺位会阻碍学生对几何表象的有效构建。教师有教具而学生没有,或学生使用学具而使课堂秩序难以调控,共同导致教师用实物呈现或多媒体展示图像,学生仅观看学习,并未调动多种感官参与,不能真正地调动学生的思维和想象力。学生的立体表象的有效构建,除了用眼看,还应动手摸、剪、拼搭等,需要学生多感官参与对实物的感知。

教学中教师对材料所使用的表现形式对概念学习具有很大的影响,感性材料的表现形式对几何概念的学习起到深化内涵的作用,例如,垂直的变式辨识,需要教师将图片进行旋转。

（三）知识之间的联系

"图形与几何""数与代数""统计与概率"以及"综合与实践"作为小学数学学习的内容，目的在于培养学生的数感、符号意识、空间观念、几何直观、数据分析观念、运算能力、推理能力和模型思想；对应用意识和创新意识的培养，贯穿了整个小学数学的学习过程，在这一过程中"图形与几何"与其他三个板块有着千丝万缕的联系，其中所蕴含的数学思想对"数与代数""综合与实践"的学习有着不可估量的作用。在很多情况下，借助几何直观可以把复杂的数学小问题变得简明、形象。几何直观不仅在"图形与几何"的学习中发挥着不可替代的作用，并且贯穿于整个数学学习中。

二、教材分析

（一）课标要求

人教版小学数学教材中的"图形与几何"版块主要内容包括：空间和平面的基本图形、图形的性质和分类；平面图形基本性质的证明；图形的平移、旋转、轴对称、相似和投影、运用坐标描述图形的位置和图形的运动。直观与推理是"图形与几何"学习中的两个重要方面。

在"图形与几何"的学习中，应帮助学生建立空间观念，使学生能根据物体特征抽象出空间物体的方位和相互之间的位置关系；能根据语言描述或通过想象画出图形等。

在第一学段的目标中，要求学生"经历从实际物体中抽象出简单几何体和平面图形的过程，了解一些简单几何体和常见的平面图形；感受平移、旋转、轴对称，认识物体的相对位置；掌握初步的测量、识图和画图的技能。"

在第二学段的目标中，要求学生"探索一些图形的形状、大小和位置关系，了解一些几何体和平面图形的基本特征；体验图形的简单运动，了解确定物体位置的方法；掌握测量、识图和画图的基本方法。在探索简单图形的性质、运动现象的过程中，初步形成空间观念。"

在第三学段的目标中，要求学生"探索并理解图形的基本性质、位置关系和平移、旋转、轴对称等。掌握三角形、四边形的基本性质（包括判定），掌握基本的证明方法。"

在第三学段的数学思考中还提出："在研究图形运动现象、确定物体位置的过程中，进一步发展空间观念，初步建立几何直观。另外，在多种形式的数学活动中，发展合情推理与演绎推理的能力。"

（二）教材地位

本单元的学习不仅要求学生理解三角形概念的内涵（定义）、三角形的构成要素及特征，还要求学生掌握三角形的特性以及三角形各要素之间的关系。三角形的三边关系是三角形概念的深化，引导学生从直观层面把握三角形上升到从关系层面把握三角形，也为以后学习三角形其他知识奠定基础。从教材安排的数学学习活动可以看出，学生通过本单元的学习，不仅可以从形的方面加深对周围事物的理解、发展空间观念和几何直观，还可以在动手操作、探索实验和联系生活应用数学方面拓展认知，发展思维能力和解决实际问题的能力，同时也为后续学习其他平面图形打下基础。

（三）教材编写结构

人教版小学数学教材的"三角形"单元的内容结构如图 2.1 所示。

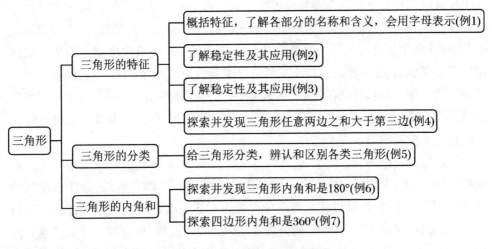

图 2.1 "三角形"单元的内容结构

从图中可以看出，本单元的学习内容包括三角形概念的内涵、三角形的构成要素及特征，还要求学生掌握三角形的特性、三角形各要素之间的关系。

（四）不同版本教材对比

现代数学指出："三角形是指平面上不共线的三点及其每两点连接的线段所组成的封闭图形（包括它的内部区域）。"另一种说法是"三角形是由三条线段首尾顺次连接所组成的封闭图形。"

首先是定义的不同。

人教版、苏教版、青岛版的小学数学教材都在"三条线段""首尾相接""每相邻两条线段的端点相连"的表述上各有侧重。人教版呈现为:"由三条线段围成的图形(每相邻两条线段的端点相连)叫作三角形。"苏教版呈现为:"三条线段首尾相接围成的图形叫作三角形。"青岛版呈现为:"由三条线段围成的图形叫作三角形。"沪教版教材在七年级下册将三角形定义为:"由不在同一直线上的三条线段首尾顺次联结所组成的图形叫作三角形。"如果三角形的定义不够准确,那么会给教师教学"三角形三边关系"时带来弊端。体现在"用 8 cm,5 cm,3 cm 能否围成三角形"这个环节,往往争论不休而不能形成定论。

其次是"三角形三边关系"的实验设计不同。

浙教版教材中的实验设计是给出 5 根小棒,要求学生自主选取 3 根小棒搭三角形,这一设计比人教、苏教教材开放。西南师大版教材设置的活动是所有教材中最具开放性的设计,要求学生将一根吸管剪裁为 3 段,围三角形,这个实验出现的长度可能性是最多的,围成的情况、围不成的各种情况都有可能出现。苏教版教材在小棒长度的设计上不够全面导致实验结果不够全面。围不成的情况里只有两边之和小于第三边的,缺少两边之和等于第三边的。北师大版教材把"三角形边的关系"作为独立主题进行安排。给出四组小棒,每组三根,要求学生摆三角形。这四组中有能摆成的、摆不成的。摆不成的情况中有两边之和等于第三边、两边之和小于第三边两种。但教材没有紧扣"三角形定义",没有体现出是怎样的一个过程得到了"较短的两根小棒长度要比剩下的最长的小棒长"才能围成三角形这一思维过程。

再者是配置的提示语不同。

浙教版教材中的"选①、②、④可以搭一个三角形","你还能选三根搭一个三角形吗?选②、④、⑤能搭一个三角形吗?为什么?"提示语没有展现"为什么用两边之和大于第三边"的思维过程。西南师大版教材也没有展现这一思维过程。教材用"通过实验,围成的三角形中,两边之和与第三边作比较,你发现了什么?"这一问题,提示学生用"两边之和与第三边作比"。学生在提示下进行计算,但并不明白"为什么用两边之和与第三边进行比较",未能揭示出探究的过程,也没能体现出"三角形三边关系"的数学本质。在这一点上,北师大版教材做得较好,教材中的提示语"两根小棒长度的和与第三根小棒一样长时,确实摆不成一个三角形。"隐含着指引学生"用两边之和与第三边比"。这样的设计显示了从"较短的两根小棒长度大于长的那一根"到"三角形任意两边之和大于第三边"的思维过程是合理的。

对比不同版本的教材,苏教版教材的编排相对完善,编排顺序是先学习三边形,再学习四边形,符合学生的认知规律,体现了数学知识的整体性。学生在认识三角形之后进行"三角形三边关系"的学习,通过实验,对"三角形三边关系"产生认识,符合新课程标准(2011 年版)的要求。提示语"绿色和黄色的小棒太短了,3 根小棒不能首尾相接",紧扣了"三角形定义",因为"太短了""不能首尾相接",这两条接不上的小棒加起来都没有第三根小棒长,让学生去猜想是不是因为"两边之和小于第三边"就围不成三角形呢?然后去验证围成的三角形是不是因为"两边之和大于第三边"呢?紧扣"三角形定义",同时展现了"为什么用两边之和与第三边比"的思维过程。学生再进行一次验证,从围成三角形的3根小棒中任意选出两根,将它们的长度的和与第三根比较。整个过程从"为什么有的能围成,而有的围不成?"引发认知冲突,形成第一个问题,得出"不是任意3根小棒都能够围成三角形",再思考为什么围不成?运用不完全归纳法得到"三角形三边关系"。

综上所述,在本单元的教学过程中,教师要综合各种版本编排上的利弊,对教材进行加工。首先要使学生积累丰富的直观表象,然后建立准确的三角形定义,让学生知道是"不在同一直线上的3条线段围成(每相邻两条线段的端点相连)的图形"。其次要调整教学顺序,先得出三边关系,再让学生解释该性质在生活中的应用。在教学"三角形三边关系"时,提供的素材要能充分展现围得成、围不成的各种情况,体现思维过程,让学生在提示语的引领下形成认知冲突,经历猜想与验证、分析与推理。不仅如此,整个单元的学习活动都应以操作、实验、讨论、说理为主。

三、学情分析

四年级学生的有意记忆逐步发展并占主导地位,注意的集中性、稳定性、注意广度、注意分配和转移等都较低年级学生有不同程度的发展;抽象记忆有所发展,但具体形象记忆的作用仍非常明显。学生逐步学会区分出概念中的本质与非本质、主要与次要的内容,学会掌握初步的科学定义,学会独立进行逻辑论证,但他们仍然具有很多的形象思维。想象的有意性迅速增长并逐渐符合客观现实,同时创造性成分日益增多。

小学中年级学生的情感内容进一步扩大、丰富,他们能逐渐意识到自己的情感表现及随之可能产生的后果,并且控制和调节自己情感的能力也逐步加强;自觉性、果断性、自制性、坚持性有一定发展,但不显著;他们的独立能力增强,会自发组织团体活动,并且具有明确的目的和行动方法,团队不会轻易解散。

他们的自我意识逐步深刻,渐渐摆脱对外部控制的依赖,逐渐形成了内化的行为准则并作为监督、调节、控制自己行为的依据,而且开始从对自己表面行为的认识、评价转向对自己内部品质更深入的评价。此外,这一阶段的学生已经不再轻信吹捧的话,并且遇到后会马上避开,对许多事情有自己的打算和想法,学会了自己安排时间和活动。

全美数学教师理事会(NCTM,1989)指出:儿童丰富的实践经验是儿童空间观念发展的重要基础。大量的研究证明儿童的空间观念是可以通过培养得到提升的。学生可以通过多种途径发展空间观念,例如,事物观察、生活经验、动手操作、想象、描述和表示、联想、模拟、分析和推理等。

四年级学生空间观念的建立还存在性别差异,男生多优于女生;男性在视觉空间能力上的优势领域更广,空间知觉和空间视觉化能力更强;在对空间加工速度、熟练程度上优于女性;男生在成长过程中比女生有更多的玩积木的经验,能够丰富对空间内事物的感性认识。他们利用语言表达、口述图形以及根据语言描述制作图形的能力不强,课堂上对这方面训练少,尚缺教师的引导。

四、单元规划

(一)单元名称

儿童拥有与生俱来的探索能力,因此,本单元适合从核心内容出发,将主题确定为"探索三角形"。学生在这个主题下经历真探究,通过实践、探究发现、归纳概括,建构知识结构,提高对知识整体性的认识。

(二)单元教学目标

《小学数学课程标准》指出,数学学习要达到"经历图形的抽象、分类、性质探讨等过程,掌握图形与几何的基础知识和基本技能。"提出"在参与观察、实验、猜想、证明、实践等数学活动中,发展合情推理和演绎推理能力。"要求教师在教学中使学生"学会与他人合作交流,初步形成反思意识;养成质疑等习惯,形成实事求是的科学态度。"而且要"能进行有条理的思考,能清楚地表达思考过程和结果。"

基于以上思考和对教材内容的分析,可以明确本单元的教学目标在于"三角形概念和性质"的获得,让学生通过观察、操作、推理等手段,逐步认识三角形,建立三角形概念;认识"三角形任意两边的和大于第三边";认识锐角三角形、直角三角形和钝角三角形,认识等腰三角形和等边三角形,知道它们的特征并能辨别;经历操作活动,通过画、量、折、拼等,发现三角形内角和是$180°$,在发现、提出、分析和解决问题的过程中,感悟数学研究方法,尝试合情推理从而发现多边形的内角和;能够积极参与实践活动,能用自己的方式表达探究结果,能对活动过程和结果进行分析、判断、推理和抽象概括,最终在学习过程中提高能力。

单元重难点:

重点:理解三角形的特性;掌握三角形的不同分类;知道三角形的内角和是$180°$。

难点:能正确画出三角形的高;发现三角形任意两边之和大于第三边;运用三角

形内角和解决实际问题。知道"猜想—实验—说理—证明"是获取知识的科学方法。

（三）单元总体规划

基于上述的思考和分析，将本单元的内容重新进行安排：增加了"寻找三角形"实践活动，按照"三角形各部分名称—用字母表示三角形—认识三角形的底和高"的顺序，逐步加深对三角形定义的理解。在此基础上学习"三角形的稳定性及应用""三角形三边关系""两点之间线段最短""三角形分类""三角形内角和""四边形内角和"。调整后的结构以"概念"为主线，增加实验、操作、调查、证明、说理、解决问题等活动，加大了学生对现实事物的观察和理解，充分让学生自主建构，保障学生科学、准确、有深度地认识三角形。单元内容重构后的区别见表2.1。

表2.1　单元内容重构前后对照情况

常规教材中的内容安排	调整后以"概念"为主线的单元内容结构安排
三角形的特征 认识三角形各部分的名称 底和高的含义 学习用字母表示三角形	实践活动：寻找三角形 三角形各部分名称 用字母表示三角形 认识三角形 认识底和高
三角形的稳定性及其应用	三角形的稳定性及应用
两点之间线段最短	三角形三边关系
三角形三边关系	两点之间，线段最短
三角形分类	三角形分类
三角形的内角和	三角形的内角和
四边形的内角和	四边形内角和

（四）单元教学规划

学习是一个生动的、主动的和富有个性的过程。除接受学习外，动手实践、自主探索与合作交流也是重要的学习方式。学生应当有足够的时间和空间经历探究过程。在本单元的教学过程中，应注重在课堂教学中提出体现数学知识本质的核心问题，组织探究活动，引领探究学习，培养学生核心素养。这些活动不能仅仅考虑一节课，更要从单元整体学习的角度出发来思考，关注学生学习的逻辑起点，要符合课堂教学的内在逻辑，要符合学生认知发展的规律；活动的设计要面向全体，能吸引学生全面、深度参与。单元教学规划见表2.2。

表 2.2 "三角形"大单元教学规划

课时	第一课 实践课	
教学目标	1. 通过观察，寻找三角形，在分享的基础上，抽象出三角形； 2. 概括三角形的特征，知道三角形定义	
教学内容	1. 实践活动：寻找三角形； 2. 三角形各部分名称	
教学活动	找一找：交流分享课前寻找的三角形照片，用画板魔术笔抽象出三角形	
教学资源	脚手架；支架；简笔	
课时	第二课 认识课	
教学目标	1. 了解各部分名称； 2. 通过比、画等活动了解底和高的含义，并能画高； 3. 会用字母表示三角形； 4. 培养抽象、概括等能力，体会数学与生活的联系	
教学内容	1. 用字母表示三角形； 2. 认识三角形； 3. 认识高、底	
教学活动	1. 画一画：画出用磁力棒拼接的三角形。 2. 说一说：三角形是什么样的图形？ （揭示三角形定义：不在同一直线上的3条线段首尾相接围成的图形） 3. 认一认：下面这些图形是三角形吗？ （完善三角形定义）	

续表

教学活动	4. 说一说:三角形各部分名称。 5. 读一读:读读这些三角形。 6. 比一比:这两个屋顶哪个高?(揭示高的定义) 7. 画一画:画出每个三角形的高,你能画几条?
教学资源	1. 乐高积木; 2. 磁力棒; 3. 底相等高不等的屋顶结构图; 4. 课前探究单
课时	第三课 探究课(一)
教学目标	1. 通过操作活动让学生了解三角形的稳定性及其在生活中的应用; 2. 感受数学的价值; 3. 积累数学活动经验
教学内容	三角形的稳定性及其应用
教学活动	1. 摆一摆:用3根小棒摆三角形,你能摆出几个三角形?用4根小棒摆四边形,你能摆出几个四边形? 2. 说一说:你发现了什么? 3. 找一找:哪儿有三角形?有什么作用? 4. 通过小实验你发现了什么?(指出三角形具有稳定性) 5. 想一想:椅子摇晃怎么办?试一试

续表

教学资源	1. 长度相等的小棒每组4根； 2. 实物图片； 3. 三角形和平行四边形木质框架； 4. 椅子
课时	第四课 探究课（二）
教学目标	1. 在猜想、验证活动中发现"三角形任意两边的和大于第三边"； 2. 知道两点之间，线段最短，能结合具体生活情境说出道理； 3. 在合作学习中，学会与人合作，得到自我认同； 4. 培养分析、表达、推理，用数学模型解决实际问题的能力，与他人合作学习的能力； 5. 敢于质疑，敢于表达； 6. 养成尊重、严谨的学习习惯
教学内容	1. 三角形三边关系； 2. 两点之间线段最短
教学活动	1. 想一想：任意选择3条线段能围成三角形吗？ 2. 小实验：从8 cm、5 cm、4 cm、3 cm的线段中选出3条线段围成三角形并记录。 3. 想一想：为什么8 cm、4 cm、3 cm围不成三角形？8 cm、5 cm、3 cm能围成吗？为什么？（指出是用两条边的和与第三条边比较） 4. 说一说：什么样的3条线段能围成三角形？ 5. 验一验：围成三角形的3条线段的3条边有什么特征？（揭示：三角形任意两边的和大于第三边） 6. 想一想：哪条路最近？为什么？（揭示：两点间所有连线中，线段最短，这条线段的长度叫作两点间的距离）

续表

教学资源	1. 画有 8 cm、5 cm、4 cm、3 cm 线段的胶片若干根； 2. 几何画板； 3. 课件探究记录单
课时	第五课 探究课（三）
教学目标	1. 在分类等操作活动中发现和认识各类三角形； 2. 培养学生质疑意识、思辨能力
教学内容	三角形分类
教学活动	1. 分一分：给袋子里的三角形分类。 2. 说一说：你是怎样分的？ （揭示分类结果：锐角三角形、直角三角形、钝角三角形） 3. 量一量：你发现了什么？ （预计：在直角三角形中，斜边大于任意一条直角边） 4. 折一折：这些三角形有什么？ 5. 画一画：你发现了什么？ 6. 找一找：哪些地方有这两种特殊的三角形？ 7. 猜一猜：是什么三角形？ 8. 辨一辨：这些说法对吗？
教学资源	1. 各类三角形纸袋； 2. 含有实物的图片课件

续表

课时	第六课 推理课
教学目标	1. 通过操作、推理等活动探究出三角形内角和是180°； 2. 让学生初步学习证明
教学内容	三角形内角和
教学活动	1. 猜想：三角形内角和是多少度？ 2. 实验：各种三角形内角和是多少度？ （1）量一量，算一算； （2）剪一剪，拼一拼。 （得出：三角形的内角和是180°） 3. 剪一剪，剪一刀，每个小三角形的内角和是多少度。 4. 算一算：求教材图中∠2的度数。 5. 量一量：测量等腰三角形和等边三角形各角，你发现了什么？
教学资源	1. 量角器； 2. 各类三角形

课时	第七课 成长课
教学目标	1. 通过画、数、算、推理等活动，引领学生经历探究过程，得出四边形的内角和是360°； 2. 感悟数学研究方法，渗透合情推理，发现多边形内角和
教学内容	四边形内角和
教学活动	1. 想一想：四边形内角和是多少度？ 2. 猜想：是不是所有的四边形的内角和都是360°？

续表

教学活动	3. 实验:怎样证明? (1)剪一剪,拼一拼; (2)分一分,算一算。 (得出:四边形内角和是360°) 4. 想一想:五边形内角和多少度?六边形、七边形呢? 5. 画一画,算一算:你发现了什么? (得出:多边形内角和是180°×(n−2)) 6. 想一想:(教材)图形中有多少个三角形?有什么规律?
教学资源	剪拼四边形内角和的动画课件
课时	第八课　建构课
教学目标	1. 通过用思维导图整理单元知识,让学生获得学习方式和方法; 2. 从整体上建构知识网络,形成知识板块,知晓知识的内在关联; 3. 激发学生持续的学习动力并热衷探究
教学内容	我认识的三角形
教学活动	1. 说一说你所认识的三角形; 2. 整理本单元所学内容
教学资源	学生整理的思维导图

在整个单元的学习过程中,学生有高阶思维参与其中,面对实验或操作出现的问题,运用创造性思维从各种不同角度出发寻找新的思路和解决方法。这样的情形不断出现,学生不断进行反思性建构,对新知识进行甄别和筛选,与原有的知识连接,从而把新知识纳入原有的认知结构中,然后构建起新的认知结构,提高数学知识联结能力和数学理解,形成深度体验。

课标中指出:数学教学活动是师生共同参与、交往互动的过程。有效的数学教学活动是教师教与学生学的统一,学生是数学学习的主体,教师是数学学习的组织者与引导者。

动手实践、自主探索与合作交流也是数学学习的重要方式,学生应当有足够的实践和空间经历观察、实验、猜测、验证、推理、计算、证明等活动过程。教师教学应该以学生的认知发展水平和已有的经验为基础,面向全体学生,注重启发式教学和因材施教,为学生提供充分的参与数学活动的机会。要处理好教师讲授和学生资助学习的关系,通过有效的措施,启发学生思考,引导学生自主探索,鼓励学生合作交流,使学生真正能理解和掌握基本的数学知识与技能、数学思想和方法,得到必要的数学思维训练,获得广泛的数学活动经验。

"三角形"大单元教学设计案例将在第二节到第九节中分别展示。

第二节 "三角形"第一课"实践课"

第一课 实 践 课

(本节课内容由张骋依据大单元教学规划需要自主设计)

课时内容:
寻找三角形、三角形各部分名称、用字母表示三角形。

教学目标:
(1)通过观察事物,寻找三角形、会画三角形、会用字母表示三角形,初步感知并尝试概括三角形概念;
(2)积累直观经验,培养抽象、概括等能力和自主探究能力;
(3)发现三角形在生活中的应用,体会数学与生活的联系;
(4)了解人类研究三角形的历史过程。

教学重难点：

重点：寻找三角形，并思考为什么这些地方用到三角形，了解人类认识三角形的进程；

难点：获得感性经验。

教学准备：

根据课前探究单进行准备。

课前探究单

我会找：哪些地方有三角形？用图片或文字记录下来。

我会搭：用小棒摆出不同的三角形。

我会画：画几个不一样的三角形。

我会想：观察这些三角形，它们有什么共同点？

我会想：三角形是一个什么样的图形？用字母表示三角形，应怎样表示？

我想问：关于三角形，我还知道什么？

教学过程：

（一）自主探究

教师提前分发课前探究单，交代实践活动，学生自主完成。

（二）分享交流

1. 展示图片，分享交流

分享学生寻找到的生活中的三角形图片。

师：为什么这些地方要用到三角形？

选择学生回答，交流猜想与理解。

2. 板演示范，规范表达

选择学生画三角形。

学生板演。

师：他们刚才画的三角形有哪些共同点？

选择学生回答。

学生：画了3条线段，不在同一个位置上，3条线段首尾相接。

师：你能说说你对三角形的认识吗？

预设回答1：3条线段收尾相接的图形。

预设回答2：有3条边、3个角、3个点的图形。

教师对合理的解释予以肯定。

师：在拼搭三角形的时候你们遇到了什么问题？怎样解决？

预设回答1：用3根一样长小棒围成三角形。

预设回答2：如果两根特别短，另一根特别长，围不成三角形，要把长棒剪短，试了好几次才行。

师：给你的三角形取个名字，你觉得怎样表示合适？

教师小结：看来围成三角形的3根小棒的长度有秘密，不是随意的3根小棒都能围成三角形的。这在后面的学习中我们将通过实验找到答案。

（三）了解历史，激发欲望

学生自由发言，教师予以肯定。

展示资料。

人们对于三角形的研究起源于古希腊。为了预报天体运行路线、计算日历、航海等需要，古希腊人已研究球面三角形的边角关系，掌握了球面三角形两边之和大于第三边、球面三角形内角之和大于两个直角、等边对等角等定理。印度人和阿拉伯人对三角学也有研究和推进，但主要是应用在天文学方面。15世纪对三角学的研究转入平面三角，以达到在测量上应用的目的。16世纪法国数学家韦达系统地研究了平面三角，他出版了应用于三角形的数学定律的书。此后，平面三角学研究被从天文学中分离出来，成了一个独立的分支。平面三角学的内容主要包括三角函数、解三角形和三角方程。

三角测量在中国也很早就出现了，成书于公元前一百多年的《周髀算经》对此就有较详细的说明，例如，它的首章记录"周公曰：大哉言数，请问用矩之道？商高曰：平矩以正绳，偃矩以望高，覆矩以测深，卧矩以知远……"（商高说的矩就是今天工人用的两边互相垂直的曲尺，大意是将曲尺置于不同的位置可以测目标物的高度、深度与广度）。成书于公元1世纪的《九章算术》中也有专门研究测量问题的篇章。

（四）总结回顾

略。

第三节 "三角形"第二课"认识课"

第二课 认 识 课

（本节课内容依据人民教育出版社义务教育教科书《数学》四年级下册第五单元设计）

课时内容：

认识三角形、认识三角形的高、会画高。

教学目标：

（1）经历三角形的抽象过程，概括三角形的特征，知道三角形各部分名称；

（2）通过观察、抽象、操作等活动获得三角形定义；

（3）通过比较和画图知道底和高的含义，并能准确画高。

教学重难点：

重点：认识三角形的特征。

难点：知道三角形高的含义，能正确画高。

教学准备：

各类三角形、课件。

教学过程：

（一）分享图片，抽象图形

出示课件（图2.2）。

图2.2

师:请指出图片中的三角形。

选择学生回答。教师根据回答,点击课件,将实物抽象为平面图形。

揭示课题:认识三角形。

(二)辨析特点,概括定义

1. 画三角形

学生画三角形。

师:你能用数学语言说一说三角形是什么样的图形吗?

2. 概括定义

选择学生回答,引导学生进行辨析。

板书:由3条不在同一直线上的线段(首尾顺次相接)围成的封闭图形叫作三角形。

(三)自学名称,深入认识

学生自学课本,并汇报。教师根据汇报板书相关内容。

(四)认高画高,理解定义

1. 集体辨析,形成定义

在课件中出示两幅屋顶横截面图(图2.3)。

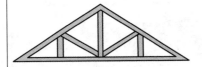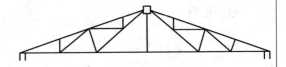

图2.3

师:两座屋顶,哪一座高?你是怎么知道的?

追问:要想知道哪一座高,要看哪里?

引导学生辨析。在辨析过程中,让学生指出"三角形的顶点"和"垂足"。

师小结:从三角形一个顶点向它的对边作一条垂线,顶点和垂足之间的线段叫作三角形这条边上的高。

指名表述对高的理解,其他学生指出不足并纠正。

师:你认为这句话中哪些字词很重要?能不能去掉?

师:三角形有几条高?

2. 尝试画高,理解定义

师:请你画出三角形的高。

(1) 自主尝试,组内互学;教师巡视,个别指导。

课堂探究单

我会画:画出下列三角形的高(图2.4)。

图 2.4

我发现:

_____

_____

---

(2) 评析作品。

问:这位同学画得对吗?

(3) 集体交流。

师:你认为画高的时候要注意什么?

师:遇到哪些困难?怎么解决?

请其他人给予建议和指导,必要时可以在黑板上演示。

师:你有哪些发现?

引导学生说出:三角形有三条高。直角三角形的两条直角边互为底和高,钝角三角形有两条高画在三角形的外面。

(4) 辨析讨论。

出示图片如下(图2.5)。

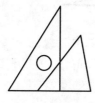 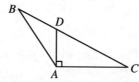

图 2.5

师:这种画法正确吗?*AD* 是不是三角形 *ABC* 的高?为什么?

（五）练习巩固，内化知识

(1) 以图 2.6 中平行线上的点为顶点，可以画多少个三角形？

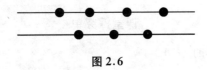

图 2.6

(2) 在图 2.7 的三角形内添加 3 条线段，形成 5 个三角形。

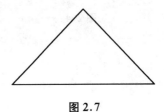

图 2.7

（六）总结回顾

师：通过这节课的学习，你对三角形有哪些认识？

依据过关清单对本课时内容进行总结回顾。

过关清单

基础性练习

(1) 画出下列三角形粗边上的高(图 2.8)。

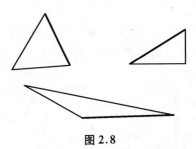

图 2.8

(2) 在图 2.9 所示的三角形中，以 AC 为底边的高是（　　），我还能找到以（　　）为底边的高是（　　），我还能找到以（　　）为底边的高是（　　）。

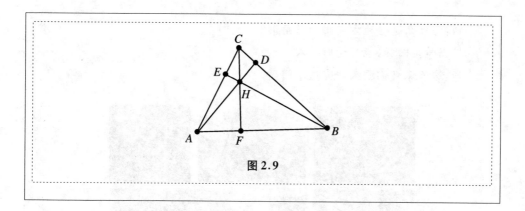

图 2.9

第四节 "三角形"第三课"探究课(一)"

第三课 探 究 课（一）

（本节课内容依据人民教育出版社义务教育教科书《数学》四年级下册第五单元设计）

课时内容：

三角形的稳定性

教学目标：

(1) 通过观察、思考、操作等活动让学生了解三角形具有稳定性及其在生活中的应用,积累数学活动经验。

(2) 体会稳定性在生产、生活中的广泛应用感受数学的价值。

教学重难点：

重点：理解三角形稳定性的含义。

难点：能够运用三角形稳定性解释生活现象。

教学准备：

每小组准备小棒若干根。

教学过程：

(一) 分享图片,适时导入

出示学生收集的图片(图 2.10)。

师:为什么这些地方要用到三角形?

根据学生回答,教师适时导入。

师:这节课我们就来研究这个问题。

图 2.10

板书课题:三角形的稳定性

(二) 操作实验,发现性质

1. 摆一摆

使用课件出示探究任务:

师:用同样的 3 根小棒摆三角形,你能摆出几个三角形?

师:用同样的 4 根小棒摆四边形,你能摆出几个不同的四边形?

学生分组活动。

2. 汇报交流

师:你发现了什么?

预设:用同样的 3 根小棒摆三角形,无论怎么摆都是同样的三角形。用同样的 4 根小棒摆四边形,可以摆成长方形,也可以摆成平行四边形。如果 4 根小棒一样长,可以摆成正方形,还可以摆成菱形。

师小结:对,这说明三角形的 3 条边的长度确定了,这个三角形的形状和大小也就确定了;而四边形的 4 条边长度确定了,形状仍不能确定。

板书结论。

3. 联系实际,分析解释

通过课件出示图片(金字塔、钢轨截面、三角形框架、起重机、三角形吊臂、屋顶、三角形钢架、钢架桥和埃菲尔铁塔)。

师:指出这些物体上的三角形? 有什么作用?

4. 小实验

(1) 教师出示三角形和四边形的木框,让学生拉一拉。

师:你发现了什么?

学生:三角形木框不变形,四边形木框容易变形。

师指出:因为三角形具有稳定性,所以不变形。

(2) 教师出示晃动的椅子。

师:椅子摇晃怎么办?

学生尝试解决,并说明理由。

师小结:三角形具有稳定性,三角形的结构有稳固、耐压的特点,所以在生活中经常会用到它。

(三) 总结回顾

师:今天这节课你有什么收获?我们是怎样得到这个结论的?

依据过关清单对本课时内容进行总结回顾。

过关清单

基础性练习

小明做了一个篱笆,你觉得稳固吗?你能帮助吗?请在图2.11中画出来。

图 2.11

发展性练习

如图2.12所示,木匠师傅通常会在窗框上斜着钉一根木条,也会在"人"字梯的下方横着加一根木条,这是为什么呢?

图 2.12

因为_____

第五节 "三角形"第四课"探究课(二)"

第四课 探究课(二)

(本节课内容依据人民教育出版社义务教育教科书《数学》四年级下册第五单元设计)

课时内容：

三角形三边关系。

教学目标：

(1) 经历猜想与验证活动，发现"三角形任意两边的和大于第三边"；

(2) 知道两点之间，线段最短，能结合具体生活情境表述道理；

(3) 培养学生分析、表达、推理能力，用数学模型解决实际问题的能力，与他人合作学习的能力；

(4) 在合作学习中，学会认同他人，也能自我认同。

教学重难点：

重点：通过实验得出三角形三边性质，能运用三角形三边性质。

难点：懂得为什么要用两条边的和与第三条边比较。

教学准备：

画有 8 cm、5 cm、4 cm、3 cm 线段的胶片若干张、几何画板课件及探究记录单。

教学过程：

(一) 复习回顾，宣布课题

师：同学们，对于三角形有哪些认识？

师：三角形由 3 条线段围成，那么任意选择 3 条线段，就可以围成一个三角形吗？

师：今天这节课我们一起来探究。

揭示课题：三角形三边关系

（二）小组合作，动手操作

1. 实验

师：猜想的对不对呢？怎么办？

师：从 8 cm，5 cm，4 cm，3 cm 的线段中选出 3 条线段进行实验，将结果记录在探究单（表2.3）上。

表2.3 待填写的探究单(1)

序号	第一条（cm）	第二条（cm）	第三条（cm）	能否围成三角形
1				
2				
3				
4				
⋮				

课件出示合作要求：

(1) 确定操作人、记录人和观察人；

(2) 任意选择3根小棒；

(3) 将结果填在表格里；

(4) 每位组员可以说出自己的想法。

2. 汇报交流，辨析明理

(1) 各小组汇报（表2.4）。

表2.4 填好的探究单(1)

序号	第一条（cm）	第二条（cm）	第三条（cm）	能否围成三角形
1	8	5	4	能围成
2	5	4	3	能围成
3	8	4	3	不能围成
4	8	5	3	不能确定

师：对于这一组的结果，其他组有什么疑问？

(2) 讨论辨析。

师:为什么8 cm,4 cm,3 cm围不成三角形?

根据学生回答,教师指出:是用三角形两条边的和与第三条边比较。

师追问:8 cm,5 cm,3 cm能围成三角形吗?

师:为什么?请说明理由。

点名发表观点。教师组织其他学生向发言人提出问题。

播放课件,辅助说理。

播放几何画板(图2.13),学生通过观察线段的运动轨迹明白道理。

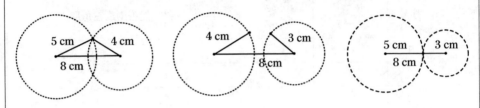

图2.13

(3) 大胆猜想。

师:什么样的3条线段能围成三角形?

根据学生的回答,教师引出验证。

预设:两条较短的线段的长度和比最长的线段长,能够围成三角形。

师:8 cm,8 cm,3 cm能围成三角形吗?

预设:没有最短的两条线段了。

师:请同学们动手围一围。

预设:能。

师:这是什么原因呢?我们用前面的猜想"较短的两条线段的和大于最长的线段,就能够围成三角形",无法判断出来,可是我们自己动手发现,这种情况也是能够围成三角形的。那么,三角形的3条边到底有什么关系?请同学们猜想一下。

预设:3条线段,其中两条线段的长度和大于剩下的那一条,就能够围成三角形。

(4) 验证猜想。

深入探究:围成三角形的3条线段有什么特征?

学生分工合作,完成探究单(2)(表2.5)。

表 2.5 待填写的探究单(2)

序号	第一条(cm)	第二条(cm)	第三条(cm)	其中两条的和与第三条长度的关系	能否围成三角形
1	8	5	4		
2	5	4	3		
3	8	4	3		
4	8	5	3		

汇报交流,教师针对学生的回答及时点拨。

师:你发现了什么?

揭示:三角形任意两边之和大于第三边。

(三) 知识应用

(1) 想一想:下面每组中的3条线段,能围成三角形吗?

① 6 cm,2 cm,5 cm;

② 6 cm,2 cm,4 cm;

③ 5 cm,2 cm,5 cm。

(2) 从下面5根(图2.14)小棒中任意取出3根,摆出两种不同的三角形(单位:cm)。

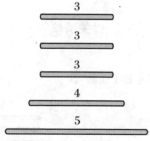

图 2.14

(3) 想一想:图2.15所示的哪条路最近?为什么?

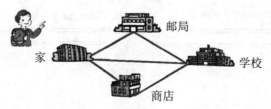

图 2.15

学生独立思考并说明道理。

教师揭示:两点之间的所有连线中,线段最短。这条线段的长度叫作两点间的距离。

(4) 三角形的一条边是 5 cm,另一条边长 3 cm,那么第三条边最短是（　　）,最长（　　）。

(5) 为学校设计一个周长 9 m 的三角形花圃,三边长均为整数,你会怎样设计呢? 写出你的理由。

(四) 总结回顾

依据过关清单对本课时内容进行总结回顾。

师:这节课你有哪些收获? 你欣赏哪位同学的表现? 你认为自己在哪些方面还可以做得更好?

师:我们研究三角形三边关系,是从任意两边之和与第三边的关系去研究的,对于三角形的边,你还想研究什么呢?

(五) 课后实践

1. 实验

三角形任意两边之差与第三边有什么样的关系。

完成一个实验,并提交实验报告。

过关清单

基础性练习

1. 在能围成三角形的各组小棒下面画"☺":

(1) 4, 5, 6　（　　）

(2) 6, 6, 6　（　　）

(3) 4, 4, 6　（　　）

(4) 2, 6, 3　（　　）

2. 果园里有90吨货物要运往港口,每次可运10吨,需要几次才能运完? 如图2.16所示,选择最近的路线,运完这批货物再回到果园,卡车共行多少千米?

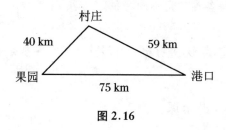

图 2.16

发展性练习

1. 现有两组吸管,第一组:10 cm 和 8 cm;第二组:10 cm 和 10 cm,请你分别利用这两组拼三角形,能拼成三角形吗(每组只可剪一次)? 请尽可能详细地记录下你的思考过程(可以写一写、画一画,并以小组为单位汇报结果)。

2. 三角形的一条边长 8 cm,另一条边长 3 cm,那么第三条边最短是( ),最长是( )。

第六节 "三角形"第五课"探究课(三)"

第五课 探究课(三)

(本节课内容依据人民教育出版社义务教育教科书《数学》四年级下册第五单元设计)

课时内容:
三角形的分类。

教学目标:
(1) 经历三角形分类的过程,能按照不同的标准对三角形进行分类,知道各类三角形的名称及特征;
(2) 通过观察、比较等活动,培养学生观察能力和思维能力;
(3) 通过小组合作,激发学生主动参与,培养学生协作能力。

教学重难点：

重点：会按三角形的角、边的特征进行分类，感知它们的特征。

难点：理解并掌握各类三角形的特征。

教学准备：

学生画出不同的三角形，并剪出三角形。教师准备各类三角形若干及课件。

教学过程：

（一）情境引入，揭示课

通过课件出示学生作品。

师：这些形状不同的三角形可以分为哪几类呢？今天这节课我们一起研究。

（二）自主探究，合作交流

1. 探究按角分

分一分：根据课程探究单给下列三角形分类。

课堂探究单

我会分：

1. 给图 2.17 所示的三角形分类。

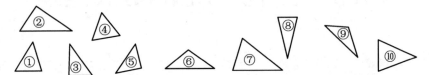

编号	锐角个数	直角个数	钝角个数

图 2.17

2. 给图2.18所示的三角形分类。

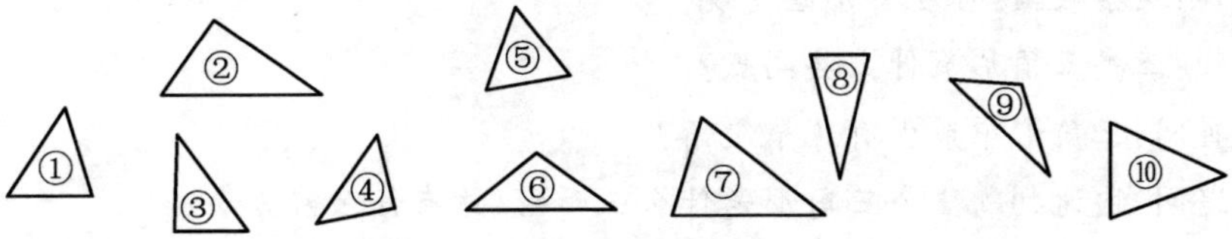

_____是一类；
_____是一类；
_____是一类。

图2.18

(1) 分工合作,小组探究。

课件出示要求：

① 观察三角形,可以量一量；

② 试着给予每类三角形名称；

③ 在小组内发表你的想法,并填入表2.6。

表2.6 小组探究单

编号	锐角个数	直角个数	钝角个数

(2) 交流汇报,分享观点。

得出：三角形按角分可以分为锐角三角形、直角三角形、钝角三角形,3个角都是锐角的三角形叫锐角三角形；有1个角是直角的三角形叫直角三角形；有1个角是钝角的三角形叫钝角三角形。

(3) 深入研究，知晓特点。

师：观察表格，你还有哪些发现？

师：三类三角形有什么共同点？

再问：三角形中最少有几个锐角？

追问：快速判断1个三角形是什么三角形，你有什么好方法？

(4) 表达关系，深入明晰。

问：你能表达出3种三角形的关系吗？

学生尝试用集合图表达。教师用课件呈现集合图。

师：每种三角形是这个整体的一部分。

师：三角形可以按角分，还可以按什么来分？

2. 探索按边分

出示课件图2.19。

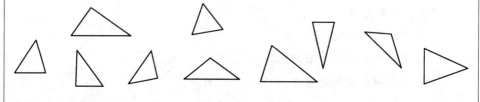

图2.19

(1) 分工合作，小组探究。

课件出示要求：

① 观察三角形，可以量一量。

② 试着给予每类三角形名称。

汇报交流。

得出：按边分可以分为3类：3条边都相等的、2条边相等的、3条边都不相等的。它们分别是等边三角形、等腰三角形、任意三角形。

(2) 自学课本，完成下列任务。

课件出示自学任务。

读一读，等腰三角形各部分名称是什么？

量一量，观察等边三角形和等腰三角形的角，你有什么发现？

找一找，哪些物品会用到这两种特殊的三角形。

折一折，这些三角形有什么特点？

学生自学后汇报交流，分享观点。

(3) 用集合图表示关系。

小组汇报时,教师引导学生进行辨析。

教师可用课件出示任意三角形,完善集合图。

(三) 解释应用,深化知识

1. 猜一猜

信封里装的是什么三角形?

如图 2.20 所示,教师在信封里放入 3 种三角形,露出其中一个锐角,让学生猜是什么三角形。

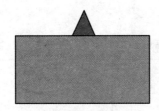

图 2.20

得出:只凭一个锐角不能确定是什么三角形。

2. 辨一辨

这些说法对吗?

(1) 锐角三角形中最大的角一定小于 $90°$。

(2) 所有的等边三角形都是等腰三角形。

(3) 所有的等腰三角形都是锐角三角形。

(4) 等腰三角形有两个角是相等的。

(5) 3 个角都相等的三角形一定是等边三角形。

(6) 直角三角形一定不是等腰三角形。

(四) 总结回顾

师:你有哪些收获?你还想知道关于三角形的哪些知识?

过关清单

基础性练习

1. 画一画(按要求在图 2.21 所示的点子图里画三角形)。

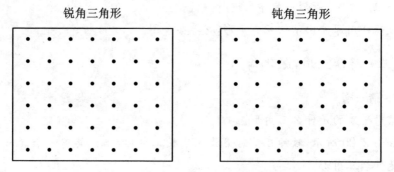

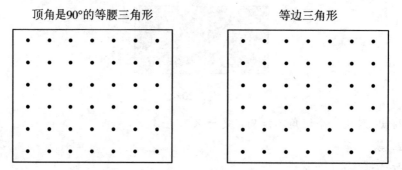

图 2.21

2. 用两个完全一样的三角形可以拼成一个大三角形,有几种拼法,把拼出的图形画在下面。

发展性练习

1. 用 4 个完全一样的直角三角形拼成形状不同的四边形,你能拼出几种?把它们画下来,最少拼出 4 种。

2. 一个等腰三角形一条边是 8 cm,另一条边是 6 cm,围成这个等腰三角形至少需要多少厘米长的木条?

第七节 "三角形"第六课"推理课"

第六课 推 理 课

(本节课内容依据人民教育出版社义务教育教科书《数学》四年级下册第五单元设计)

课时内容：
三角形内角和。

教学目标：
(1) 通过量、剪、拼、折等活动，引领学生推理，归纳出"三角形内角和是180°"；能根据已知的两个角的度数，求出第三个角的度数；能运用所学知识，解决实际问题。
(2) 引导学生经历"猜想—验证—结论"的证明过程，培养批判性思维和创新意识。
(3) 渗透转化、迁移思想，让学生感受数学理性美，体验发现的乐趣，增强信心。

教学重难点：
重点：认识内角，理解"内角"的含义。通过度量和剪拼等活动，推理归纳性质。
难点：通过验证归纳并完善结论。

教学准备：
各种形状的三角形若干张、剪刀、量角器、课件。

教学过程：

(一) 激发猜想，引入课题

1. 认识内角

师：同学们研究过三角形的边，今天我们一起来研究三角形的角。

课件出示三角形。

指出：图中的角是三角形的内角。

板书：内角

师：三角形"任意两边之和大于第三边"，那么三角形的角有什么性质呢？你想到了什么？

学生独立思考并回答。

2. 验证猜想

师：这个猜测是否正确？

操作：学生选择三角形，量出每个内角度数，得出结论后汇报结果。

师：通过度量，你们发现了什么？

教师根据学生汇报，讲解归纳，使学生明白：在锐角三角形中任意两个内角和大于第三个角，而在直角三角形和钝角三角形中却不是这样。

师追问：在实操过程中，你还发现了什么？

发现3种三角形3个内角加起来都接近180°。

板书：三角形、内角和。

（二）实验验证，探究新知

1. 引入活动

师：为什么你们用"接近"这个词，而不说"就是"或"等于"呢？

师再问：为什么会"差一点"或"多一点"？

师：由于测量工具和测量方法使用不当会产生误差，所以用"接近"这个词比较科学。看来用测量的方法得不到精确的数值。还有什么方法可以证明三角形的内角和就是180°呢？

2. 合作探究

学生选择材料，分组探究。教师巡视，个别指导。

3. 汇报交流

教师根据学生汇报，用课件演示每种情况。

（1）用已学过的知识解决新问题。

通过课件出示长方形（图2.22）。

师：长方形的4个内角和是多少度？如下图所示剪成两个大小一样的三角形后，∠1和∠2大小怎样？∠3和∠4呢？那么，你得到什么结论？（三角形内角是180°）。

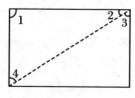

图 2.22

(2) 折。

课件演示：根据学生汇报的顺序演示。

师：这时 3 个角形成什么角？

点拨：要想知道是不是所有的三角形内角和都是 $180°$，只研究一种三角形就能下结论吗？怎么办？（学生思考并回答）对，科学的结论是通过大量的事实和多次的实验来证明的。

学生演示折直角三角形、钝角三角形的过程（图 2.23）。

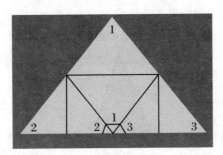

图 2.23

师：你得出什么结论？

小结：通过刚才的实验，同学们得出了锐角三角形、钝角三角形和直角三角形的内角和都是 $180°$。

师：等腰三角形、等边三角形呢？如果不折，也能证明他们的内角和是 $180°$ 吗？

引导学生从集合论中的交集知识来解释：因为等腰三角形有的是锐角三角形、有的是钝角三角形，等边三角形是锐角形，所以它们的内角和是 $180°$。

师：除了折还有别的方法吗？

(3) 撕。

学生演示 3 种情况（图 2.24）。

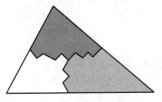 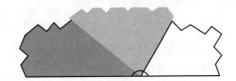

图 2.24

师：这个小组的演示说明了什么？

师：还要继续研究等腰三角形和等边三角形吗？为什么不继续？

小结:同学们通过"折""撕"的方法加上推理证明了三角形内角和是180°。用已学的知识来解决新的问题,这是我们学习数学时行之有效的好方法。刚才同学们先"猜想",然后通过实验验证了猜想。许多知识来源于一个猜想、一个假设,科学家们用成百上千甚至更多次的实验加以证明。猜想—验证是科学的学习方式。

(三)辨析讨论,加深理解

课件演示从大三角形中剪下一个小三角形(图2.25)。

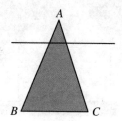

图 2.25

师:小三角形的内角和是多少度?说出道理。

课件演示把1个大三角形剪成2个小三角形(图2.26)。

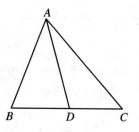

图 2.26

师:这个大三角形的内角和是多少度?现在剪成两个小三角形,每个小三角形的内角和是多少?

课件呈现每个小三角形的内角和是180°。

师:把他们合在一起,这个大三角形的内角和是360°么?

学生充分阐述观点和理由,教师引导正方、反方进行辩论。

小结:三角形的内角和不因它的大小、位置的变化而变化,总是180°。

师:现在,老师可以写"三角形的内角和是180°"了吗?

板书:三角形的内角和是180°。

（四）运用知识，解决问题

1. 填一填

表 2.7 中的三角形中的各内角分别是多少度？

出示课件。

表 2.8 课件表

	∠1	∠2	∠3
直角三角形	20°		
钝角三角形	20°		
锐角三角形	20°		

学生独立解答，同桌互评。教师用实物投影仪展示。

师：你想到了什么？在填写时要注意什么？哪种三角形最好填？为什么？

再问：填写钝角三角形时要注意什么？这个钝角最小应填多少？为什么？

教师使学生明白，只有直角三角形的两个角确定是 90°、70°，其余的答案不唯一。在填写时除了要注意内角和是 180°，还要符合 3 类三角形的特征。

2. 猜一猜

师：在三角形中截去一个角，剩下的图形内角和是多少度？

（五）介绍史料，总结延伸

师：你们知道三角形内角和是 180° 这个定理是谁发现的吗？

出示课件。

三角形内角和一定等于180°吗?
——非欧几何学的发现

假如有人问你："三角形内角和等于多少？"你肯定会不假思索地告诉他："180°！"假如那个人说不是180°，那他说的对吗？

其实，"三角形内角和等于180°"只是欧几里得几何学中的一个定理。也就是说，在欧几里得几何学里，一个三角形的内角和等于180°，但如果不是在欧几里得几何学这个范围内，一个三角形的内角和就不一定等于180°！例如，赤道、0°经线和90°经线相交构成一个"三角形"，这个"三角形"的3个角都应该是90°，它们的和就是270°！你感到奇怪吗？你知道除了欧几里得几何学(欧氏几何)外，还有其他几何学吗？这些几何学称为非欧(欧几里得)几何学。

（六）总结回顾

师：通过学习，同学们对三角形的角有了更多的认识，说说你的收获。

过关清单

基础性练习

1. 连一连（图 2.27）

钝角三角形　　直角三角形　　等腰三角形　　等边三角形　　锐角三角形

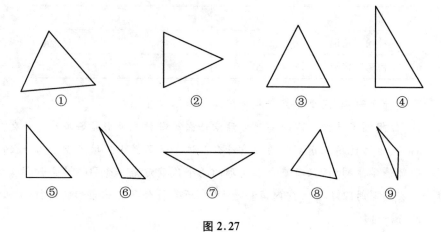

图 2.27

2. 一个三角形最多有（　　）个直角；最多有（　　）个钝角；至少有（　　）锐角。

发展性练习

一个等腰三角形的顶角是这个三角形底角的 2 倍，这个三角形各个角是多少度？

2. 下列各组角能组成三角形吗？如果能，请说明是什么三角形；如果不能，请说明理由。

(1) 80° 95° 5°；

(2) 60° 70° 90°；

(3) 30° 40° 50°；

(4) 50° 50° 80°；

(5) 60° 60° 60°。

第八节 "三角形"第七课"成长课"

第七课　成　长　课

（本节课内容依据人民教育出版社义务教育教科书《数学》四年级下册第五单元设计）

课时内容：
四边形内角和。

教学目标：
（1）通过画、量、分等探究活动，探索四边形的内角和是360°。
（2）在探究过程中体会数学研究方法，发现多边形内角和，渗透合情推理。
（3）激发学生对数学探究的欲望，发展空间观念，积累活动经验。

教学重难点：
重点：探索四边形内角和是360°。
难点：运用转化思想发现多边形内角和。

教学准备：
学生准备四边形、剪刀、量角器、三角板；教师准备课件。

教学过程：

（一）复习旧知，导入新课

1. 复习三角形内角和

师：三角形内角和是多少？用什么方法验证的？

师：我们先撕再拼，把三角形的三个内角转化成一个平角，得到三角形内角和180°。转化是研究数学的重要方法，这节课我们用转化的方法研究平面图形的内角和。

（二）探究发现，合作交流

1. 特殊四边形内角和

师：想一想，四边形的内角和是多少度？

预设:360°,因为正方形4个角都是直角,内角和是360°。

2. 一般四边形内角和

(1) 猜想。

师:是不是所有的四边形内角和都是360°？我们该怎样证明呢？

学生分组讨论。

方案1:可以用量角器量出每个内角的度数,但是可能有误差。

方案2:剪下4个角拼在一起,进行验证。

方案3:把四边形分成2个三角形进行验证。

(2) 验证方案。

通过课件出示探究指南。

探究指南

1. 4人为一小组,讨论并决定验证方法,组长进行分工。
2. 小组进行操作活动,填写表格。
3. 将得出的结论在小组内交流,讨论是否有例外情况。
4. 每组推选一名发言人进行汇报。

小组活动,并汇报交流。

① 剪一剪,拼一拼。

方案1:我们小组的方法是将四边形的4个角剪下来拼在一起,形成一个周角,所以四边形的内角和是360°。

② 分一分,算一算。

方案2:我们小组用的是分割法,把一个四边形分割成2个三角形。因为每个三角形的内角和是180°,所以四边形的内角和是360°。

师:有不同的方法吗？

方案3:我们小组用的也是分割法,在四边形内取一点,然后把这一点与各个顶点连接,将四边形分成了4个三角形,这4个三角形的内角和比四边形的内角和恰好多了一个周角。因此,

$$四边形的内角和 = 180° \times 4 - 360° = 360°$$

课件演示剪拼法和分割法。

师生共同总结:四边形的内角和是360°。

③ 回顾与反思。

师:同学们刚才用实验证明了四边形的内角和是360°,想一想,如何不剪不拼也能证明四边形内角和是360°呢？

学生思考并回答。

师：在四边形里画一条线段，把四边形分割成2个三角形。分成几个三角形，就有几个180°。

3. 多边形的内角和

问：五边形的内角和是多少度？六边形、七边形呢？

师：画一画、填一填（表2.9），然后在小组内交流。

表2.9 多边形内角

图 形	△	▱	⬠	⬡	⬡
边数					
三角形个数					
内角和	180°	180°×（ ）	180°×（ ）		

小组汇报。

师：你发现了什么？

生：五边形可以分成3个三角形，它的内角和就有3个180°，是540°；六边形可以分成4个三角形，它的内角和是720°；七边形可以分成5个三角形，它的内角和是900°。

师：能不能用一个式子表示呢？

生：可以用这个式子表示

$$多边形的内角和 = (多边形的边数 - 2) \times 180°$$

师生总结：如果用字母 n 表示多边形的边数，那么这个式子可以写成

$$多边形内角和 = 180° \times (n - 2)$$

板书："多边形内角和 = $180° \times (n-2)$"。

(三) 巩固反馈，拓展延伸

(1) 算一算，十二边形的内角和是多少度？

(2) 填一填，一个多边形的内角和是1080°，这个多边形共有（   ）个内角。

(3) 想一想，图2.28所示图形中各有多少个三角形？有什么规律？

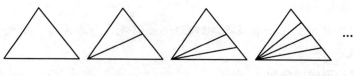

图 2.28

(四)反思收获,总结全课

师:这节课你们有什么收获?

问:我们研究各种平面图形的内角和,利用的最基本的图形是谁?

课件出示:四边形转化成 2 个三角形,五边形转化成 3 个三角形……四边形的内角和是 360°,五边形的内角和是 540°,n 边形内角和 $= 180° \times (n-2)$。

过关清单

基础性练习

1. 算出图 2.29 所示每个四边形中未知角的度数。

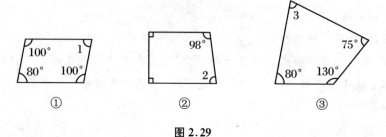

图 2.29

2. 用两个完全相同的直角三角形可以拼成一个(　　),它的内角和是(　　);还可以拼成一个(　　),它的内角和是(　　)。

发展性练习

1. 你有几种方法求出图 2.30 下示六边形的内角和?

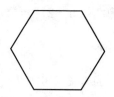

图 2.30

2. 一张长方形纸,剪去一个角,剩下图形的内角和是多少(请配图说明)?

3. 如果一个多边形的内角和是 900°,那么这个图形是(　　)边形。

第九节 "三角形"第八课"建构课"

第八课 建 构 课

(本节课内容依据人民教育出版社义务教育教科书《数学》四年级下册第五单元设计)

课时内容:

整理与复习。

教学目标:

(1) 运用思维导图整理本单元知识,沟通知识内在联系,建构知识网络。

(2) 查漏补缺,进一步巩固知识点,提高运用知识解决实际问题的能力。

(3) 通过评价充分认识自己,养成反思、质疑的好习惯,进一步掌握整理的方法,引发学生持续探究的欲望。

教学准备:

探究单、学习单、作业单。

教学过程:

(一) 课前整理,查漏补缺

整理与复习任务单

1. 用你认为合适的方式整理本单元知识。
2. 对于本单元知识,你有哪些疑问?
3. 哪一个知识点你印象最深刻?
4. 把你出错的题目写在下方。你认为出错的原因是什么?
5. 你对三角形还做了哪些研究?

（二）课中交流，形成网络

1. 公布课题

师：今天我们对本单元的知识进行整理。通过回顾和练习，加深对三角形的认识。

2. 师生整理

（1）小组活动。

师：请看课前探究单，大家是怎样整理的，同学们在小组内先交流，然后推荐出代表和全班同学分享。

学生交流，教师巡视。

（2）集体交流。

学生汇报。

师：大家看，这位同学是怎样整理的？

回答1：先回顾三角形各部分名称，然后是三角形的稳定性，三角形的种类，三角形三边关系，三角形内角和以及多边形内角和。

师：他是按照知识出现的先后顺序整理的，显得很有条理。其他同学还有不一样的方式吗？

回答2：先画一个三角形，然后围绕它产生了很多知识，每想起一个就画一个箭头，然后在箭头旁边写出这个知识。内容和前面同学的一样。

回答3：使用的是列表法。

师：比较一下，你们有什么想法？

让全班学生回答。

师：三位同学的方法一个有顺序，另一个有利于记忆，而列表法比较清晰。我发现，他们都把"什么是三角形"作为本单元学习的起点。

教师边讲解边点击课件，逐步完成思维导图（图2.31）。

师：看到这张图，同学们有什么想法？

师：这张图呈现了本单元的所有内容。同学们可以用合适的图整理知识，在整理的过程中回顾每一个知识点，越细致越全面越好。

3. 质疑释惑

师：同学们对哪个知识点还有疑问？

学生自由发言。学生提出的问题由学生给予解答，教师组织学生进行讨论、辨析并顺势纠偏。

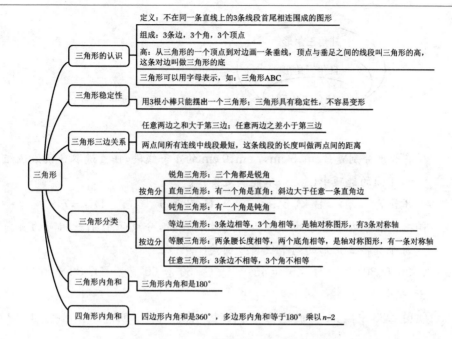

图 2.31

4. 知识运用

（1）我会画：在点子图上画三角形（至少画出 3 种），并选择其中一条边画出它的高（图 2.32）。

图 2.32

（2）我会选：

① 三角形如果按角分，下面的选项中（　　）图最能表示它们之间的关系（图 2.32）。

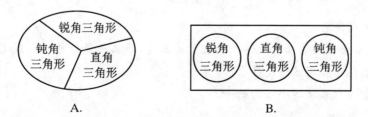

C.　　　　　　　　　　　　　　D. 以上都可以

② 有长度分别是 3 cm,5 cm,7 cm,9 cm 的 4 条线段,任意选取 3 条线段组成三角形,下面的选项中(　　)不能满足条件。

A. 3,5,7　　　　B. 3,5,9　　　　C. 3,7,9　　　　D. 5,7,9

③ 把一张等边三角形的卡纸沿着对称轴对折,分成两个完全相同的直角三角形,每个直角三角形的两个锐角分别是(　　)。

A. 30°和30°　　B. 45°和45°　　C. 60°和60°　　D. 30°和60°

(3) 我会算:

① 图 2.33 中,△ABC 的边 AC 延长到 D 点。你能证明 ∠1+∠2=∠4 吗?

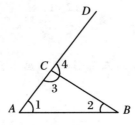

图 2.33

② 如图 2.34 所示,把一个等边三角形沿虚线剪去 ∠1,在剩下的四边形中 ∠3+∠4=(　　),∠5+∠6=(　　)。为什么?

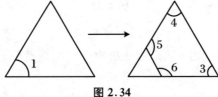

图 2.34

(4) 我会想:

师:三角形的边任意两边之和大于第三边,那么三角形的边有没有"差"的秘密呢?这个秘密应该是什么?

各组派代表阐述小组的结论。

（三）课后实践

认识三角形和四边形。

课后实践作业（三角形的稳定性）

班级：_____ 姓名：_____

（可以和家长一起完成，也可以选择与同伴合作完成）

挑战活动：制作牙签桥

制作材料：卡纸、牙签若干、胶水、线。

制作步骤：

1. 制作桥墩，用几根牙签粘在一起。
2. 制作桥面，选适量牙签，排整齐，先粘好再剪掉牙签的尖锐部分。
3. 固定桥墩和桥面。首先在桥面的4个角剪豁口，目的是更好地将桥墩和桥面固定在一起，豁口为正方形，边长为牙签直径的2倍；然后将桥墩和桥面固定在一起；最后再用4个长度大于原长1/2的半截牙签斜着固定桥墩和桥面，使其形成更加稳固的三角形。
4. 加护栏，桥面两边的柱子上加上护栏。
5. 用类似的方法制作引桥，在桥面两边加上引桥并固定好。

制作成品：（拍照上传）

小组作品分享处

1. 我们制作的牙签桥可以承载哪些物体？（动手试一试）
2. 请同学们用已学的知识解释牙签桥这么坚固的原理。
3. 在生活中还见过哪些建筑图形是利用这个原理制造的？（可上网查阅资料）
4. 精彩分享：

（作品拍照并打印，可以请家长或老师帮忙收集用于展示交流）

自我评价：★★★★★

老师寄语：

（四）持续性评价

对照表2.10进行评价。

表2.10 持续性评价题目

评 价 题 目	评价重点
由（　　）条围成的图形（每相邻两条线段的端点相连），叫作三角形；一个三角形有（　　）条边，（　　）个角，（　　）个顶点，（　　）条高；从三角形的一个（　　）到它的（　　）作一条（　　），（　　）和之间的线段，叫作三角形的（　　），这条边叫作三角形的（　　）；两点间所有连线中最短，这条线段的长度叫作（　　）。	学生对概念的识记是否准确？
写出每个三角形各部分的名称，画出一条高：	学生对三角形各部分的认识是否准确？对高的概念的理解是否准确？
用一根竹竿将一扇打开的玻璃窗支撑起来，风就不易吹动窗户。这是利用了什么原理？	学生能否用三角形稳定性概念解释生活现象？
选择3根小棒摆成三角形，你能摆出几种三角形？ 3 3 3 4 6	学生有哪些选择？学生的思维路径和认知层次是什么？
请将相应的序号填在括号里： 锐角三角形（　　）　钝角三角形（　　）　直角三角形（　　） 等腰三角形（　　）　等边三角形（　　）	学生能否准确分类？分类标准是什么？学生解决问题的综合能力怎样？

续表

评 价 题 目	评价重点
求出∠1 的度数： 求出∠2 的度数： 已知：∠1 = 130°，∠5 = 30°，求∠4 的度数：	学生应用三角形内角和解决问题的能力如何？ 不同层次的学生证明、推理的过程是什么样的？

第三章　数与代数大单元教学案例："比与比例"和"数的运算"

第一节　"比与比例"大单元教学设计

一、缘起

数学概念是客观现实中的数量关系和空间形式的本质属性在人脑中的反映。理解概念实质需要融进感知、理解、记忆、思维和想象。课堂上，教师应该引导学生通过分析、比较、抽象、概括等思维方法掌握概念，而实际教学中很多教师过多地关注于教学表现形式，脱离了数学学习的本质；同时，还存在重结论、轻探索，重形象、轻抽象，重讲解、轻实践的现象。因此，学生对数学概念理解不到位，影响后续学习，这种现状已经引起广大教师的关注。

"比"的知识被编排在"分数除法"单元内，意图是以分数除法为纽带，沟通"比"与"分数"的关系，进一步加深学生对分数意义的理解。现有教材为了突出"比与比例"的重要性，把这部分内容分拆出来，安排在分数除法内容学习之后，形成独立的单元。这样的顺序有利于学生从量与量的关系出发"认识比"，而不仅仅从运算的角度去理解比，也有助于培养学生的代数思想。"比例"的知识是除法、分数、比、方程等知识的综合与提升，学习完比与比例，学生会以更广阔的视野和更高的思维水平审视和发展这些知识。在教材改革之后，对"比"与"比例"做单元教学规划，有利于教师从整体把握分数、除法、方程、比与比例的教学，有助于学生建立概念，形成知识结构。

（一）学生学习比与比例存在的障碍

为了了解学情，我们进行了问卷调查。通过调查发现学生对"比""比例"和"比例尺"概念本质理解不够深刻。大多数学生认为"比例尺"是"比例"的应用,或者是工具或是尺子,不能完全领会其表达功能和测量功能;少数人知道"比例尺"是"比"的应用;部分学生认为"比"其实就是"除法","比例"是两个比组成的等式,并不是很了解其本质性的区别和联系。也有的学生认为自己能理解概念,但是不能完全记住,还有少部分同学表示做题时需要翻书。学生对"正比例""反比例"的本质理解不深刻,导致部分学生只要见到两个相关联的量,并且一种量变大,另一种量也变大,就判定为成正比例的量,课堂实践显示判断题错误率达到44%。

典型的错误有:认为长方形的宽一定,周长和长成正比例关系;当三角形的面积一定时,底和高成正比例;与标准式 $X \times Y = K$(一定)相比,多了一个乘1/2或除以2,学生思维形成定势,从而做出错误判断。

(二)教师教学上的困惑和偏差

教师对"比"与"比例"的教学缺乏深度和广度,只是按照教材的顺序将"分数问题"和"比的应用"分开教学,没有合理地将"比""比例""分数"以及"除法"四者互相联通,也没有重视正比例或反比例问题与"归一""归总"问题的沟通;加上概念建构的过程不够完备,同时对用"比与比例"解决问题的优越性讲解不到位,忽视渗透相关的数学思想,直观模型的利用率不高,导致学生没有从本质上理解"比与比例",因而不能很好地运用知识解决实际问题。

如何让学生深刻理解"比与比例"的意义?理解概念内涵和外延?如何使学生正确理解正比例和反比例的基本结构?如何有效渗透数形结合思想、模型思想、函数思想?如何拓展学生的思维深度?需要教师站在大单元的视野上,将分列上、下两册的两个单元进行整体规划。

(三)知识之间的联系

纵观教材编排,学生是在学习"除法""分数""分数与除法"的关系以及一些基本数量关系后学习"比与比例"的知识。在整个知识链中,"比与比例"起着联结作用(表3.1)。

"比"表示两个数量间的倍数关系,是对两个数量进行比较。一种情况是两个同类量的比,另一种情况是两个不同类量的比,有关联的不同类量相比,产生了新的量,例如:路程与时间的比是速度。尽管"比"与"除法"之间有着密切联系,但是"比"更强调两个量之间的倍比关系的直接描述,有时并不关注运算的结果。"比"可以用来同时表示两个、三个甚至更多的量之间的倍比关系,而"除法""分数"更多的是强调两个量之间的一种运算关系,通常也会同时关注运算的结果。通过认识"比",学生可将之前学习的概念进行整理,并加深对这些概念的理解,也认识到

"比"与"四则运算"的区别,体会数学知识的内在联系。

表 3.1　学习内容的前后联系

已学过的相关内容	本单元的主要内容	后续学习的相关内容
二年级上册: 除法的意义 三年级上册: 分数的初步认识	六年级上册: 比的意义 比的基本性质 比的应用	七年级下册: 比例尺 八年级下册: 一次函数 正比例函数
五年级上册: 分数的意义 分数与除法的关系	六年级下册: 比例的意义 比例的基本性质 正比例及反比列 比例尺 图形的放大与缩小 比例的应用	九年级上册: 二次函数 抛物线 九年级下册: 反比例函数 相似三角形

"比"是"比例知识"的生长点。"比例"是小学数学研究"数与代数"的最后一个知识点,是前面学习的综合应用,是数与计算的发展,又是进一步学习中学数学、物理、化学的基础知识。正比例函数、反比例函数、三角形函数的基础就是比与比例。在中学物理教材中,物理公式是以比与比例的形式出现的,用比值法定义物理量。

二、教材分析

(一) 课标要求

"比"和"比例"是小学阶段的重要内容,《义务教育数学课程标准》(简称《课标》)指明旨在培养学生用比例思维方式思考和解决问题的能力,初步发展学生的函数观念,渗透数学思想方法,帮助学生从形象思维顺利过渡到抽象思维,联通"算术"与"代数",贯穿"数量"到"关系"(表3.2)。

表 3.2 "比与比例"学段目标

	第二学段目标
数与代数	1. 在实际情境中理解"比"及"按比例分配"的含义,并能解决简单的问题; 2. 通过具体情境,认识"成正比例的量"和"成反比例的量"; 3. 会根据给出的有正比例关系的数据在方格纸上画图,并会根据其中一个量的值估计另一个量的值; 4. 能找出生活中成正比例和成反比例关系量的实例,并进行交流
图形与几何	5. 了解"比例尺",在具体情境中,会按给定的比例进行图上距离与实际距离的换算; 6. 能利用方格纸按一定比例将简单图形放大或缩小。

整合后,本单元知识点包括"比""比例"的意义以及基本性质,"按比例分配""比例尺""正比例"和"分比例"的意义。对这些概念实际意义的理解是学生能否应用"比与比例"的知识解决问题的关键。因此,淡化概念的"形式化"叙述,通过选取学生熟悉的事例,让学生在具体情境中理解"比与比例"相关概念的实际意义,是教师要认清的方向。

（二）教材地位

数学概念是数学基础知识的重要组成部分,也是发展思维、培养数学能力的基础。学生建立了正确、完整的数学概念,才能进行正确的判断和推理,才谈得上逻辑思维的培养。学生首先理解"除法"的意义,然后学习"分数",包括"分数"的意义和基本性质,"分数"与"除法"的关系,"分数乘除法"的计算,在此基础上认识"比",研究"比"的意义和"比"的基本性质。从而顺利完成求比值和化简比的方法。教材的安排要既能体现"比"与"分数"的密切联系,也能加强知识间的内在联系,为学习比例知识,打下良好的基础。正、反"比例"研究的重点是通过研究数量关系发现在数量的变化中存在着的一种不变的量,也就是定量,根据定量来判断比例关系。研究的方法属于不完全归纳法。学习的重点是利用定量来判断数量之间的比例关系,解决一些简单的实际问题,扩充解决问题的策略。中学的学习是在已知两个数量的比例关系的前提下,重点研究变量之间的关系。学习方法是完全归纳法。

与旧教材相比,人教版教材在本单元增加了"认识正比例关系的图像""综合运用比例尺及有关知识作图""图形的放大与缩小"等教学内容。因为,课标在第二学段对"数与代数"明确提出:"能根据给出的有正比例关系的数据在有坐标系的方格纸上画出图像，会根据其中一个量在图像中找出或估计出另一个量的值。""能利用方格纸等形式按一定的比例将简单图形放大或缩小，体会图形的相似。"为中学学习相似三角形打下坚实的基础。

（三）教材编写结构

与"比与比例"模块内容相关的概念抽象、难懂，相关知识和应用都依赖于对这些概念的理解和掌握（表3.3）。另外，建立用比例的手段分析推理问题的思想对小学生来说比较难。在小学数学教材中，"比与比例"有承上启下的重要作用，能帮助学生将算术思维逐渐转化为代数思维。因此，学习本单元知识不仅需要联系新旧知识，还要进一步综合运用知识，体验用"比与比例"解决问题的优越性。旧教材没有充分发挥"比"这一单元的作用，而现行教材将"比"作为独立单元，编排在"分数除法"之后，目的是强调"比"与"分数"的区别，强调比表示两个量的倍比关系。

表3.3 人教版六年级"比与比例"单元内容结构及例题安排

	内容		例题安排及目标要求	教学活动	数学思想
比	比的意义	求比值	从实际情境认识比，理解比的意义，知道比与除法的关系	画、说、抽象、概括	符号思想、数形结合思想、模型思想
	比的基本性质	比的基本性质	利用比与除法的关系理解并掌握比的基本性质	研究、思考、概括、计算	
		化简比 例1	会求比值、化简比	算一算	
	比的应用	按比例分配 例2	解答按比例分配的实际问题	读一读、分析解答、检验	
比例	比例的意义和基本性质	比例的意义	借助实际情境理解比例的意义，会判断4个数是否能够组成比例	说、写	符号思想、数形结合思想、模型思想、函数思想、变与不变思想、几何变换思想、抽象思想、方程思想
		比例的基本性质 例1	理解比例的基本性质	算、观察、思考、概括	
		解比例 例2、例3	能正确解比例	解决问题、计算	

续表

内容			例题安排及目标要求	教学活动	数学思想
比例	正比例和反比例	正比例	例1	理解相关联的量,理解正比例的意义,掌握成正比例的量的变化规律,认识正比例关系图像,能绘图像,会根据其中一个图像估计出另一个量的值	观察、发现、计算、验证、总结、概括、运用	符号思想、数形结合思想、模型思想、函数思想、变与不变思想、几何变换思想、抽象思想、方程思想
		反比例	例2	理解反比例的意义,掌握成反比例的量的变化规律	观察、发现、计算、验证、总结、概括、运用	
	比例的应用	比例尺	例1、例2、例3	理解比例尺的意义,掌握相应的数量关系,能正确求出图上距离、实际距离和比例尺	观察、想一想、运用、算一算、画一画	
		图形的放大与缩小	例4	认识放大与缩小现象,能利用方格纸等形式按一定的比将简单图形放大与缩小,体会图形的相似	观察、分析、画一画、发现、总结	
		用比例解决问题	例5、例6	能运用比例的相关知识,分析、解决实际问题,积累和丰富解决问题的经验策略,提高问题解决能力,提高数学素养	用多种思路解决问题	

(四)不同版本教材对比

从课程内容安排上来看,三个版本的教材都将"比"安排在六年级上册,将"比例"安排在六年级下册,不同点是与"百分数"的衔接顺序。

从表3.4中可知,北师大版教材的本章、节标题呈现具体,节标题按照每节课程的事例主题来呈现,突出了趣味性;人教版教材的节标题按照核心知识与应用的维度呈现;苏教版教材没有节标题,内容按照例题情境展开,体现了连贯性。

人教版教材中占比最大的内容是"按比例分配"和"正比例",占比最小的内容是"比"的意义、"比值"和"比例"的基本性质。北师大版教材中占比最大的内容为"比"的意义、"正比例"内容,没有涉及"比例"的意义和"比例"的基本性质。苏教版教材中占比最大的内容是"比"的意义、"按比例分配"和"比例"的意义,"比例"的基本性质内容最少。

表 3.4 三种版本教材"比与比例"课程内容安排

	人 教 版	苏 教 版	北师大版
五年级下册	无	无	第六章 百分数 1. 百分数的认识； 2. 合格率； 3. 蛋白质含量； 4. 这月我当家。 第七章 统计 扇形统计图
六年级上册	第三章 分数除法 第四章 比 1. 比的意义； 2. 比的基本性质； 3. 比的应用。 第五章 百分数 1. 百分数； 2. 百分数和分数、小数互化； 3. 用百分数解决问题。 第七章 扇形统计图	第五章 认识比 第九章 认识百分数	第二章 百分数的应用 1. 百分数的应用（一）； 2. 百分数的应用（二）； 3. 百分数的应用（三）； 4. 百分数的应用（四）
六年级下册	第四章 比例 1. 比例的意义和基本性质； 2. 正比例和反比例的意义； 3. 比例的应用： （1）比例尺； （2）图形的放大与缩小； （3）用比例尺解决问题	第一章 百分数的应用 第二章 比例 第五章 正比例和反比例 第七章 统计	第二章 正比例与反比例 1. 变化的量； 2. 正比例； 3. 画一画； 4. 反比例； 5. 观察与探究； 6. 图形的缩放； 7. 比例尺

三个版本的教材都在按比例分配、正比例部分安排了较多内容，并且将比的意义和比值两个知识点放在一起介绍。在比的基本性质的内容上，北师大版教材没有明确的概念呈现。

人教版教材探讨最多的是"已知距离、比例尺求距离",在"图形阅读""已知距离、比例尺求面积"两类问题上没有涉及。北师大版教材、苏教版教材在"数值比例尺与线段比例尺互化"问题上没有涉及。北师大版教材在"已知图上距离、比例尺求实际距离"问题上讨论最多。苏教版在求比例尺问题上讨论最多。

三种版本的教材有不同的编写思路,但都符合儿童认知的发展规律,内容有层次、有梯度,知识点相互联系、衔接紧密、前后呼应、结构严谨、逻辑线条清晰。

三、学情分析

少儿于12岁左右开始感受自己的力量和存在的价值,喜欢听取伙伴的想法,成年人的想法还是会影响他,不过他们已经会根据利害关系做出决定。这个年龄的孩子可以维持长久的注意力,喜欢的事情可以做得非常投入,甚至忘我;不喜欢严厉和控制,需要宽松的时间从容完成任务。

六年级学生能够接纳自己和别人的不完美,能够因为自己的错误而接受他人的指责,愿意遵从大家的规则;思维处于形式运算阶段,同时不再局限于真实的或可观察到的事物,而是开始对观念和命题进行思维加工,进行抽象的逻辑思维。他们能生成假设,再从假设中演绎推理出理论是否正确;能够理解符号的意义,能对事物做出一定的概括。本阶段的孩子不仅具备了思维可逆性,而且还具备了补偿性和灵活性,因此这个阶段的孩子不再恪守成规,常常做出违反规则的事情。他们比较容易接受新鲜事物,已经知道一些生活中有关"比与比例"的事例,有了一些数学基础知识和学习能力,能发现生活中的数学问题。但他们对"比"和"比例"的理解还存在较大的欠缺,特别是要和生活中的比分进行区别,需要通过具体材料才能从多元化的角度实现对"比"的概念的真正理解。学生在判断正反比例的量时易犯的错误是找到了两个相关联的量,如果其中一种量变大,另一种量也变大,就下结论它们是成正比例的量。而对反比例的量的判断更容易出现错误,例如:认为长方形的宽一定,则周长和长成正比例关系。在学习过程中,仍然出现不能将所学知识融会贯通的现象,所以他们还没有体会到"比与比例"思维的优越性,将书本知识与生活实际建立联系的能力较弱,如何与其他专题知识建立联系还待引导。

四、单元规划

(一) 单元名称

"比与比例"。

(二) 单元教学目标

使学生理解比与比例的意义,知道比与分数、除法的关系,会判断4个数能否组成比例;理解并掌握比与比例的基本性质,会求比值、化简比,能正确地解比例,能解答"按比例分配"的实际问题;理解相关联的量,理解正比例和反比例的意义,掌握成正、反比例的量的变化规律;理解比例尺的意义,掌握相应的数量关系,能正确地求图上距离、实际距离和比例尺。

让学生在理解比的意义、探索比与分数和除法之间的关系以及比的基本性质的过程中,体会类比法、推理思想,积累数学活动经验,体会数学知识之间的内在联系,把握数学知识的本质。学生经历用"比"描述生活现象和解决实际问题的过程,感受数学知识在日常生活中的价值。

让学生体会比例知识与其他知识之间的联系,能运用"比例"的相关知识,灵活、分析解决实际问题,并在解决实际问题的过程中,积累和丰富解决问题的经验策略,提高解决问题的能力。促进学生对知识间关系的理解,提高学生数学素养。

使学生认识正比例关系的图像,能根据给出的有正比例关系的数据在坐标纸上画出图像,会根据其中一个量在图像中找出或估计出另一个量的值,从而让学生体会数形结合思想和函数思想,受到辩证唯物主义观点的启蒙教育。

让学生认识放大与缩小现象,能利用方格纸等形式按一定的比将简单图形放大与缩小,体会图形的相似。

教学重、难点:比与比例是紧密联系的两个概念,是小学数学中重要的基础知识,比是学习比例的基础,比例则是小学数学研究数与代数的重要知识点,与"比与比例"相关的基础知识有很多;主要解决"是什么"和"为什么"的问题,所以让学生感悟每个概念的本质是教学的首要重点;如何使学生在综合运用知识灵活地解决实际问题中实现从算术思维向代数思维过渡是教学难点。

（三）单元重构后结构

"比与比例"单元内容重构情况见表3.5。

表 3.5 "比与比例"单元重构前后对比

常规教材中的内容安排	调整后以"概念与应用"为主线的单元内容安排
比的意义	巨人有多高
比的基本性质	比的意义
化简比	比的基本性质
按比例分配	化简比
比例的意义	按比例分配
比例的基本性质	比例的意义
解比例	比例的基本性质
正比例	解比例
反比例	正比例
比例尺	反比例
图形的放大与缩小	比例尺
用比例解决问题	图形的放大与缩小
整理与复习	放大与缩小
	用比例解决问题
	整理与复习
	生活中的比与比例

（四）单元教学规划

"比与比例"单元的课时规划见表3.6，相应的大单元教学设计案例将在第二节到第十五节分别展示。

表3.6 "比与比例"大单元教学规划

课时	第一课 预备课
教学目标	1. 从具体事例中初步感知比的意义; 2. 渗透变与不变思想; 3. 能用比的知识看待事物
教学内容	巨人有多高
教学活动	1. 猜一猜:巨人有多高? 2. 量一量,剪一剪。 3. 问:你还想了解什么?它们又有多大呢? 4. 玩一玩:摸球游戏 5. 问:在盒子里放两种颜色的球,要求两种球的数量是4比1,你准备怎么放? 6. 议一议:说说你的想法。 7. 说一说:出示羊毛衫图、新生儿图,请学生解释图中的数据
教学资源	图片、课件、事先画好的手印、课前收集的事例

课时	第二课 建构课(一)
教学目标	1. 在具体的情境中理解比的意义,学会比的读、写方法,知道比的各部分名称以及比与分数、除法的关系; 2. 经历比的概念的抽象过程,经历探索比与分数、除法的关系以及比的基本性质的过程,积累数学活动的经验; 3. 进一步体会数学知识之间内在联系,培养观察、比较、抽象、概括以及推理的能力
教学内容	比的意义
教学活动	1. 说一说:你能提出哪些数学问题?哪些问题是研究倍数关系的?都是比较长和宽,为什么有15比10,也有10比15呢?意思一样吗? 2. 想一想:哪个是长和宽,哪个是宽和长的比?用什么方法解决?

续表

教学活动	3. 学一学:学生自学比的各部分名称。 4. 认一认,辨一辨:比与分数、除法之间有什么关系?赛场上的比分是3:0是比吗? 5. 填一填,议一议
教学资源	课件,课前探究单,课堂学习单,课后作业单

第三课　探究课(一)

课时	
教学目标	1. 引导学生联系商不变性质和分数的基本性质,进行类比迁移,理解比的基本性质; 2. 使学生在理解比的基本性质的基础上,尝试化简比,并掌握化简的方法; 3. 培养学生运用已学知识探索新知的能力; 4. 在化简"比"的过程中体会并掌握化归思想
教学目标	比的基本性质
教学活动	1. 说一说:什么叫两个数的比?"比"与"分数""除法"有什么关系?商不变的性质和分数的基本性质各是怎样描述的? 2. 猜一猜:想办法验证自己的猜想。"比"与"分数""除法"之间存在着极其密切的联系,"除法"具有商不变性质,"分数"有分数的基本性质,"比"又有怎样的性质呢? 3. 试一试,议一议:你需要补充什么? 4. 算一算:化简"比"。 5. 说一说:你能总结一下化简"比"的方法吗? 6. 想一想:化简"比"与求比值"有什么关系?有什么不同?
教学资源	课件

续表

课时	第四课 探究课（二）
教学目标	1. 通过同伴互学能正确解答按比分配的实际问题； 2. 经历解决实际问题的过程； 3. 感受数学知识在日常生活中的应用价值，体会数学思想
教学内容	按比分配
教学活动	1. 读一读、说一说：你读到了哪些信息？你读懂了什么？ 2. 想一想、做一做：你准备怎样稀释清洁剂？学生自主探究并汇报。 3. 说一说、做一做、议一议：你同意他们的方案吗？ 4. 想一想、做一做、议一议：混凝土怎样配比？ 5. 说一说、议一议：需要注意什么？ 6. 说一说：生活中还有哪些地方会用到按比分配？请收集数据
教学资源	课件、稀释瓶、课前探究单

课时	第五课 建构课（二）
教学目标	1. 使学生在具体情境中理解比例的意义，掌握组成比例的关键条件；能应用比例的意义判断两个比是否能够构成比例； 2. 通过观察、比较、判断、归纳等活动，让学生经历知识建构的过程； 3. 感受知识的内在联系，增强分析问题和解决问题的能力
教学内容	比例的意义
教学活动	1. 想一想：看到照片你们都笑了，为什么？ 2. 想一想、说一说：比较这些国旗，有什么相同和不同之处？学生探究并汇报交流。 3. 说一说：你发现了什么？你能用自己的话说一说什么叫比例？

续表

教学活动	4. 比一比、说一说：比与比例有什么区别？ 学生讨论并汇报。 5. 想一想：下面展示的两个量的比能否组成比例？这两组量的比表示什么含义？ | 衣服数量（件）	5	10
---	---	---
总价（元）	100	200	
教学资源	课件，课前探究单
课时	第六课　建构课（三）
教学目标	1. 知道比例各部分的名称，探索并掌握比例的基本性质，会根据比例的基本性质正确判断两个比能否组成比例，能根据乘法等式写出正确的比例； 2. 通过观察、猜测、举例验证、归纳等数学活动，经历探究比例基本性质的过程； 3. 渗透有序思考，感受变与不变的思想，体验比例基本性质的应用价值
教学内容	比例的基本性质
教学活动	1. 写一写：写出两个比，并组成比例。 2. 辨一辨：是否是比例？ 3. 认一认：自学教材，认识比例各部分。 4. 说一说：指名汇报。如果写成分数形式，内项是什么？外项呢？ 5. 猜一猜、想一想：是不是所有的比例都有这样的规律呢？请举例说明。 6. 想一想：通过举例验证，你们能得出什么结论？ 7. 试一试：用字母表示比例的基本性质，如果比例写成分数形式，怎么相乘？ 8. 写一写：根据"2×9=3×6"能写出哪些比例？

续表

教学活动	9. 想一想：如果 $a \times 2 = b \times 4$，则 $a : b = (\quad) : (\quad)$； 10. 猜一猜：6 : (　　) = 5 : 4 如果 $a : b = 4 : 2$，则 $a = 4, b = 2$。这种说法对吗？为什么？那么 $a、b$ 还可能是多少？你发现了什么？
教学资源	课件
课时	第七课　探究课（三）
教学目标	1. 知道什么叫作解比例，会根据比例的性质或比例的意义正确地解比例； 2. 培养学生运用已学的知识解决问题的能力，在计算过程中使学生养成认真书写、计算和验算的良好习惯； 3. 经历解比例的过程，感受数学知识的内在联系，体验应用知识解决问题的乐趣，培养思维能力，激发学生学习数学知识的热情
教学内容	解比例
教学活动	1. 议一议，说一说：下面哪两个比能组成比例？ 　2 : 3；0.5 : 0.2；0.6 : 0.8 2. 填一填，说一说： 　1 : 3 = (　　) : (　　)； 　3 : 8 = 9 : (　　) 3. 试一试，说一说：探究解比例的方法。 4. 说一说：汇报交流，辨析明确。 　明确根据比例的性质把比例试写成方程，指名板演。 5. 试一试：学生自主尝试把比例试写成方程，指名板演。 6. 辩一辩：集体辨析。 7. 说一说：总结解比例的过程。 关键问题：解比例首先要做什么？然后做什么？
教学资源	课件

续表

课时	第八课 建构课（四）
教学目标	1. 经历正比例意义的建构过程，通过具体问题认识成正比例的量，初步感受生活中存在很多成正比例的量，并能正确判断成正比例的量； 2. 通过观察、比较、分析、归纳等数学活动，发现正比例量的特征，并尝试抽象概括正比例的意义，提高分析比较、归纳概括、判断推理能力，同时渗透初步的函数思想； 3. 在主动参与数学活动的过程中，感受数学思考过程的条理性和数学结论的确定性，并乐于与人交流。
教学内容	正比例
教学活动	关键问题：教材上的两张表格的变化情况有什么相同点？ 1. 读一读：教材内容《数青蛙》。 2. 议一议、说一说： 3. 填一填、想一想：观察图像，你发现了什么？ 4. 想一想、试一试：你能以此为例说说另外几组成正比例的量吗？ 5. 填一填：根据小明和爸爸的年龄变化情况，把教材上的表填写完整。 6. 判一判：教材上的各题是否成正比例关系，并说出理由。
教学资源	课件、小黑板、卡纸，学生备用题
课时	第九课 建构课（五）
教学目标	1. 结合丰富的情境，建构反比例的意义； 2. 能根据反比例的意义，判断两个相关联的量是不是成反比例，感受反比例在生活中的广泛应用； 3. 能利用反比例解决一些简单的生活问题，提高分析比较、归纳概括能力，培养学生逻辑思维，初步体会函数思想
教学内容	反比例

续表

教学活动	1. 说一说：判断两种相关联的量是否成正比例关系常用的方法步骤是怎样的呢？ 2. 判一判：判断教材中各题的两个量是否成正比例，并说明理由。 问：为什么不选第 2 和第 3 这两个素材？ 3. 填一填，比一比： 一辆汽车行驶的速度为 90 km/h，汽车行驶的时间和路程如下所示： 	时间(h)	1	2	3	4	5	6	7	8
路程(km)	90	180	270	360				| 一辆汽车从东城到北城，行驶的时间和速度如下所示： | 时间(h)	2	3	4
---	---	---	---
路程(km)	60	40	30	 说出正比例与反比例的异同点以及判断依据。 4. 选一选。 5. 判一判。
---	---
教学资源	课件，课堂探究单
课时	第十课　探究课（四）
教学目标	1. 结合具体情境理解比例尺产生的必要性，通过观察、操作与交流，使学生理解比例尺的意义，学会求比例尺； 2. 运用比例尺，通过测量、绘图、估算、计算活动，学会解决生活中的实际问题
教学内容	比例尺

续表

教学活动	1. 想一想：一只蚂蚁从北京爬到上海只用了两分钟,为什么？ 2. 认一认：学生自学课本并回答问题；认识比例尺 3. 说一说：说说下列比例尺的含义： 　①把线段比例尺改成数值比例尺要注意什么？ 　②比例尺 1∶5000000 表示图上距离是实际距离的几分之几？ 　③实际距离是图上距离的多少倍？ 4. 算一算：出示例题,学生独立解决并板演,集体辨析 5. 想一想：学生尝试独立解决问题,小组内交流,汇报辨析
教学资源	课件

第十一课　探究课（五）

课时	
教学目标	1. 在自主探究、合作交流中,逐步成分析问题、解决问题的能力和创新的意识,体验数学与生活的联系； 2. 培养学生用数学眼光观察生活的习惯
教学内容	比例尺
教学活动	方法一：运用比例的基本性质求出实际距离。 方法二：运用比例尺列方程求出实际距离。 算一算,画一画：一幅地图的比例尺是 1∶300000000,你能用线段比例尺表示出来吗？ 课后拓展,延伸思考
教学资源	课件

第十二课　探究课（六）

课时	
教学目标	1. 认识图形的放大与缩小现象,能按一定的比在方格纸上画出放大或缩小的图形,体会图形的相似； 2. 通过观察、理解、动手操作等体验图形放大与缩小的方法与过程；

续表

教学目标	3. 感受图形放大与缩小在生活中的应用，激发学生学习数学的兴趣和求知欲，在学习过程中感受成功的喜悦
教学内容	图形的放大与缩小
教学活动	1. 猜一猜：纸片上写的是什么？为什么之前看不清，而现在看清了？ 2. 看一看：哪些是把物体放大了，哪些是把物体缩小了？ 3. 画一画： （1）画正方形； （2）画长方形和直角三角形。 4. 看一看，说一说（关键问题）：放大后的图形与原来的图形有什么相同的地方？有什么不同的地方？ 5. 猜一猜：如果把正方形按 1∶3，长方形按 1∶4，三角形按 1∶2 缩小，各个图形发生什么变化？ 6. 画一画：画正方形、长方形和三角形。 小结：图形的各边长按一定的比放大或缩小，图形的大小变了，形状不变。 7. 想一想： （1）教材上的哪个图形是图形 A 按 2∶1 放大后得到的？ （2）按照自定的比例画图形，把三角形 A 放大后得到三角形 B，再把三角形 B 缩小后得到三角形 C。观察三角形 A 和 B，它们的面积有什么变化？面积与边长是按照相同的比变化的吗？
教材资源	课件、卡片
课时	第十三课　应用课
教学目标	1. 学会用正、反比例的方法解决问题，掌握用比例解决问题的思路和一般步骤；能利用正、反比例的意义正确地解决实际问题；体会用比例解决问题的优越性；

续表

教学目标	2. 通过知识迁移，在学生能用正比例解决问题的基础上，探究用反比例解决问题的方法；培养学生分析、解决问题的能力，借助对比总结用正、反比例解决问题的方法；培养学生发散性思维能力； 3. 感受数学知识与实际生活的密切联系；培养应用数学的能力；体验解决问题的乐趣；激发学习兴趣；培养良好的学习习惯
教学内容	用比例解决问题
教学活动	1. 说一说：教材的例题中有哪 3 种量？哪两种量是变化的？哪种量一定？它们成什么比例？ 2. 想一想，填一填。 3. 说一说，辨一辨：总结为一找、二判、三列、四解、五检。 4. 做一做，想一想。 5. 选一选、编一编：合理选择条件编题，根据所给条件，合理选择，编成可以用比例解决的问题： 例：生产汽车零件，计划每天生产 30 辆，实际每天生产 40 辆，计划 25 天完成，实际 20 天完成，计划总共生产 900 辆，实际总共生产了 1000 辆。 学生自主完成，组内交流并汇报
教学资源	课件、探究单
课时	第十四课　提升课
教学目标	1. 对比例的有关知识进行系统的整理和复习，对一些重要的、易混淆的概念，通过对比，使学生明确它们的区别，从而加深对概念的理解； 2. 让学生体验数学与生活的密切联系，培养学生利用知识灵活解决实际问题的能力； 3. 激发学生学习数学的自信心和敢于质疑的精神，渗透事物间相互联系的观点； 教学重点：理清知识间的结构，主动建构知识网络，学会整理单元知识。
教学内容	整理与复习
教学目标	课前预习：学生选择合适的思维导图自主整理本单元知识。

续表

教学目标	课中学习: 1. 理一理,说一说。 2. 填一填,比一比。 3. 算一算,想一想: (1) 张老师上班骑自行车,下图所示为行驶的路程和时间。 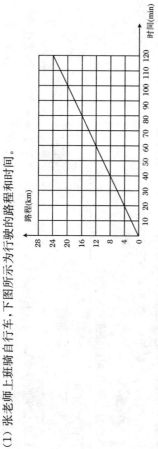 学生根据图像进行估计、计算、判断,并回顾解决这几个问题时,用到了哪些数学知识。 (2) 张老师按1∶8的比例在校园拍摄的一张照片,学生计算老师的实际身高。 问:无论是缩小后的我还是放大后的我,什么变了?什么没变? (3) 以课件出示校园景色。 问:你了解到哪些信息,又可以解决什么问题? 5. 议一议:在本单元的学习中,你认为哪些内容容易混淆和出错? 师生共同整理表格。 6. 练一练。
教学资源	课件、探究单、学习单

第二节 "比与比例"第一课"预备课"

第一课 预 备 课
(本节课内容由张骋依据大单元教学规划需要自主设计)

课时内容：
巨人有多高。

教学目标：
(1) 让学生从具体实例中初步感知比的意义。
(2) 让学生体会变与不变思想。
(3) 使学生能用比的知识看待事物。

教学重难点：
重点：能从生活事例中感受比的应用，初步感知比的意义。
难点：用初步感知的意义理解生活中的事例。

教学准备：
课前搜集关于比的事例以及相关图片。

教学过程：

(一) 情境引疑，激发欲望

活动一：
猜一猜：巨人有多高？
出示黑板上事先画好的大手印，让学生们猜一猜是谁的手印。
关键问题：
巨人有多高？
根据学生想法，教师把手掌放在巨人的手印上，学生估计巨人的手的长度是老师的4倍。

活动二：
量一量，剪一剪。
学生测量老师的身高，然后剪一根线，线的长度是老师身高的4倍，将这根线竖起来,表示巨人的高度。

关键问题:你还想了解关于巨人的哪些方面? 它们又是多大、多长呢?

(二) 解决问题,初步感知

活动三:

摸球游戏。

关键问题:在盒子里放两种花纹的球(图3.1),要求两种球的数量是4∶1,你准备怎么放?

 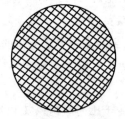

图3.1

讨论:放4个和1个,大家都能明白。放8个和2个可以吗?

师:说说你的想法。为什么这些放法都是4∶1?

学生独立思考后交流。

预设会出现以下这几种情况:

1个球看做1份,4个就是4份;2个条纹球也可以看做1份,网纹球可以同样方法分为4份,所以是4∶1。

网纹球个数是条纹球个数的4倍。

网纹球个数除以条纹球个数等于4,4∶1就是4除以1等于4。

(三) 解释事例,深入感知

1. 出示羊毛衫图(图3.2)

讨论:从这个2∶3中,你可以得到哪些信息?

关键问题:2∶3是羊毛和兔毛的比,那么,3∶2是谁和谁的比?

羊毛和兔毛的含量比是2∶3

图 3.2

2. 出示新生儿图(图 3.3)

头长和身长的比1∶4

图 3.3

讨论:1∶4是什么意思?

关键问题:如果新生儿的头长是10 cm,那么身长是多少?头长是15 cm呢?新生儿的头长是1 m呢?

小结:新生儿的头长是有一定范围的,身高一般在40~60 cm。

(四)回顾总结,拓展延伸

今天你有哪些收获?你认为还有哪些事例和今天学习的内容有关?

出示课件:

地球的水量中,淡水与海水的比是4∶141;

今年流行16∶9的宽频数字电视;

最新统计显示,在新生儿中,男婴和女婴的比约为119∶100;

做蛋糕时鸡蛋和水的(质量)比例应是1∶1;

某单位男、女职工人数的比是2∶1;

糖水中糖和水的(质量)比是1∶10;

手和心脏的比是1∶1;

脖子和手腕的周长比是2∶1;

左脑和右脑的记忆力的比是1∶1000000。

关键问题:从中你能获得哪些信息?

第三节 "比与比例"第二课"建构课（一）"

第二课 建构课（一）

（本节课内容依据人民教育出版社义务教育教科书《数学》六年级上册第四单元设计）

课时内容：

比的意义。

教学目标：

（1）在具体情境中让学生理解比的意义，学会比的读、写法，知道比的各部分名称以及比与分数、除法的关系，会求比值。

（2）使学生经历比的概念抽象过程，经历比的概念形成过程以及探索比与分数、除法的关系的过程，积累数学活动经验。

（3）让学生进一步体会知识点之间的内在联系，培养观察、比较、抽象、概括以及推理的能力。

教学重难点：

重点：理解比的意义，会读比，会写比，知道比的各部分名称，懂得比与分数、除法的关系，会求比值。

难点：体会知识点间的内在联系，能用"比"准确表述。

教学准备：

课件、课前探究单、课堂学习单、课后作业单。

教学过程：

（一）汇报课前探究

出示课件中课前探究单的"我会想"。

问：哪些是表达两个数量的倍数关系的？

师：今天我们继续研究两个数量的倍数关系。

板书课题：比的认识。

课前探究单

一、我会想

(1) 根据下面两个条件你能提出哪些数学问题？并写出算式解答。

现有白兔8只，黑兔2只。

问题＿＿＿＿＿＿＿＿＿＿，算式＿＿＿＿＿＿＿＿＿＿＿；

问题＿＿＿＿＿＿＿＿＿＿，算式＿＿＿＿＿＿＿＿＿＿＿；

问题＿＿＿＿＿＿＿＿＿＿，算式＿＿＿＿＿＿＿＿＿＿＿；

问题＿＿＿＿＿＿＿＿＿＿，算式＿＿＿＿＿＿＿＿＿＿＿；

问题＿＿＿＿＿＿＿＿＿＿，算式＿＿＿＿＿＿＿＿＿＿＿。

(2) 这些问题当中，哪些是表达两个数量的倍数关系的？

二、我会说

根据课本例题图中所给国旗数据，你能说出表达倍数关系的算式吗？

（二）辨析质疑，归纳概括

1. 揭示意义

课件出示课前探究单中的"我会说"。

活动一：说一说。

师：用算式表示长和宽的倍数关系（板书："15÷10""10÷15"）。

揭示：这个时候，我们还可以这样说：长和宽的比是15：10，宽和长的比是10：15。

板书："15：10""10：15"。

师：你也能像老师这样完整地说一遍吗？

学生表述。

师：哪个是长和宽的比（贴出卡片：长和宽的比）？哪个是宽和长的比（贴出卡片：宽和长的比）？

关键问题：都是比较长和宽，为什么有15：10，也有10：15呢？意思一样吗？有什么不同？

师：你能将"我会想"中的倍数关系用比来表述吗？

2. 深化意义

活动二：想一想。

用课件出示例题："神舟"五号进入运行轨道后，在距地350 km的高空作圆周运动，平均90 min绕地球一周，大约运行42252 km。

关键问题:进入轨道后,神舟五号平均每分钟运行多少千米?

板书:"42252÷90"。

师:你能说出比吗?

板书:"42252 比 90"。

师:这个比的结果是速度这个量。

小结:从上面的例子,我们知道了两个数相除,又可以表示成两个数的比。还知道了两个同类数量进行比较,结果是一个数;两个不同类的量也可以比,结果是一个新的量。

板书:"两个数的比表示两个数相除"。

3. 自学交流,认识比的各部分名称

活动三:认一认,辨一辨。

(1) 自学课本,填写课堂探究单1。

课堂探究单1

我会学

填写表3.7,比与除法、分数之间有什么联系?

表 3.7 课堂探究单 1 表

	联系(相当于)			
比	比的前项	比号":"	比的后项	比 值
除法				
分数				

讨论:比的后项为什么不能是0?

---

(2) 汇报交流。

指名学生根据黑板上的比说出比的各部分名称。

关键问题:比与分数、除法之间有什么关系?

关键问题:那赛场上的比分是3∶0怎么解释?

师:这个"比"是生活中的自然语言,而不是数学语言中的"比","3∶0"仅仅是两支球队各自得分的对比,没有除法的含义。

(三)应用拓展,发展思维

活动四:填一填,议一议。

学生独立思考,填写课堂探究单2。

组内讨论。

课堂探究单2

一、我会写

请在( )里写出比。

小华家养了12只鸡,9只鸭;

鸡和鸭的只数比是( );

鸭和鸡的只数比是( );

科技小组有男生10人,女生9人;

男生和科技小组总人数的比是( )。

3 kg 的糖与 100 kg 的水配制成糖水:

糖和水的质量比是( );

糖和糖水的质量比是( )。

二、我会想

(1)根据图3.4你能写出哪些比?

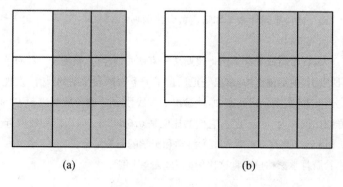

图 3.4 课堂探究单 2 图

(2)根据表3.8所给信息进行判断。

表3.8 课堂探究单2表

甲乙两组足球比赛的成绩是1∶4		甲乙两组喜欢踢足球人数的比是1∶4	
甲组1个,乙组4个		甲组1人,乙组4人	
甲组比乙组少3个		甲组比乙组少3人	
甲组比乙组少,乙组比甲组多		甲组比乙组少,乙组比甲组多	
甲组2个,乙组8个		乙组人数是甲组的4倍	
		甲组人数是乙组的1/4	
		甲组2人,乙组8人	

集体辨析。

师:图3.4(a)中的2∶9和图3.4(b)中的2∶9意思一样吗? 2∶11是根据哪幅图写出的比?前项和后项分别表示什么?

问:都是1∶4,为什么甲组进球2个,乙组进球8个是错的,而甲组有2人,乙组有8人是对的呢?

(四)回顾梳理,拓展延伸

师:关于"比",你还想问什么?你知道黄金比例吗?

出示黄金比例资料。

传说有一天,古希腊数学家毕达哥拉斯从一家铁匠铺经过,被铺子中那有节奏的叮叮当当的打铁声所吸引,他走进作坊,拿出一把尺量了一下铁锤和铁砧的尺寸,发现它们之间存在着一种十分和谐的关系。回到家中,他拿出一条线段 c 分成长短两段 a,b,他发现 $a:b = b:c$ 这样的比被称为"黄金比"。它们的比值是 $0.618033……$ 人们一般取近似值 0.618。古往今来,0.618 这个数一直被后人奉为科学和美学的完美结合。

后来,古希腊哲学家柏拉图将这比例称为"黄金比例"。

过关清单

基础性练习

1. 填一填

(1)小敏和小亮在文具店买同样的练习本,小敏买6本,共花了1.8元;小亮买了8本,共花了2.4元。

小敏和小亮买的练习本数之比是_____,比值是_____;

花的钱数之比是_____,比值是_____。

(2) 一辆客车和一辆货车都是从甲地开往乙地。客车每小时行 40 km,行了 6 h,货车每小时行 48 km,行了 5 h。

客车和货车行驶时间的比是_____;

客车和货车行驶速度的比是_____;

客车和货车所行路程的比是_____。

2. 指出下面每个比的前项和后项,并求出比值。

14∶21　　　　0.8∶4　　　　50∶25

发展性练习

1. 想一想,填一填。

(1) 黑兔的只数是白兔的五分之四,黑兔和白兔的只数比是_____。

(2) 3 kg 的糖与 100 kg 的水配制成糖水,糖和水的质量比是_____;糖和糖水的质量比是_____。

2. 如果甲数的八分之七与乙数的九分之七相等,那么甲数与乙数的比是_____。

第四节 "比与比例"第三课"探究课(一)"

第三课 探究课(一)

(本节课内容依据人民教育出版社义务教育教科书《数学》六年级上册第四单元设计)

课时内容:

比的基本性质。

教学目标:

(1) 引导学生联系商不变性质和分数的基本性质进行知识类比迁移,得到比的基本性质,并理解性质。

(2) 使学生在理解比的基本性质基础上,尝试化简比,并掌握化简的方法。

(3) 培养学生利用旧知自主探索新知识的能力。

(4) 在化简比的过程中体会并掌握转化思想。

教学重难点：

重点：联系商不变和分数的基本性质，进行知识类比迁移，得出比的基本性质，并理解性质。

难点：在理解比的基本性质的基础上，掌握化简比的方法。

教学准备：

课件。

教学过程：

（一）复习铺垫

问：什么叫作比？比与分数、除法有什么关系？

再问：商不变的性质和分数的基本性质各是什么？

关键问题：比与除法、分数之间存在着极其密切的联系，除法具有商不变性质，分数有分数的基本性质，比是不是也有基本性质呢？

板书课题：比的基本性质。

（二）探究新知

活动一：猜想比的基本性质。

关键问题：你认为比的基本性质怎么描述？

学生讨论后汇报。

活动二：验证比的基本性质。

关键问题：你们能想办法对自己的猜想进行验证吗？

1. 教师说明合作要求

（1）独立完成：写出一个比，并用自己喜欢的方法进行验证。

（2）小组讨论。

以课件出示要求：

（1）每个同学分别向组内同学展示自己的研究成果，其他同学表明是否赞同此结论。

（2）如果有不同的观点，则举例说明，然后由组内同学再次进行讨论。

（3）选派一名同学代表小组进行发言。

集体交流：

小组发言代表结合具体的例子在展台上进行讲解。

预设1：根据比与除法、分数的关系进行验证。

预设2:根据比值验证。

2. 教师小结

师:听了大家的发言,能够验证猜想是正确的,这个猜想叫作比的基本性质。

板书课题:"比的基本性质"。

师:什么是比的基本性质?

学生叙述比的基本性质。

教师板书:"比的前项和后项同时乘或除以相同的数(0除外),比值不变。"

师:比的基本性质中为什么强调"0"除外呢(比的后项不能为0)?

(三)应用发展

师:比的基本性质可以解决哪些问题呢?

预设:根据分数的基本性质可以把分数化简,那么根据比的基本性质也可以化简比。

活动三:化简比。

(1)理解最简单的整数比。

师:最简单的整数比是指比的前项和后项互质。

(2)自主尝试化简比。

求两面联合国旗的长和宽的最简单的整数比:

① 第一面联合国旗的长与宽的比是15:10;

② 第二面联合国旗的长与宽的比是180:120。

学生自主尝试并汇报。

关键问题:怎样才能化作最简单的整数比?

(3)丰富化简比的方法。

化简:1/6:2/9 0.75:2。

学生尝试、讨论并汇报。

关键问题:当比的前、后项出现了分数、小数时,应该怎样来化简比呢?为什么?

师:同学们能总结化简比的方法吗?

小结:化简时,比的前项和后项都是整数,可以同时除以它们的最大公因数;如果比中有小数可先转化为整数,再化简;如果比的前项和后项均为分数,可以同时乘分母的最小公倍数,化成整数比后再化简。总的原则是先转化成整数比再化简。

活动四：对比明理。

关键问题：化简比与求比值有什么关系？

学生讨论，师生共同完成表3.9。

表3.9

项 目	求 比 值	化 简 比
意义	前项除以后项所得的商	化成前后项成互质数的最简单的整数比
方法	前项除以后项	运用比的基本性质
结果	是一个数（用整数、分数、小数表示）	是一个比（可以写成分数，但不能写成小数或整数）

（四）梳理总结

师：今天我们学习了比的基本性质？我们是怎么获得的？化简比要注意什么？

过关清单

基础性练习

1. 填一填：

(1) 7∶8 = 14/(　　) = (　　)8 = (　　)/32 = (　　)

(2) 9∶17 的前项加上9，要是比值不变，后项应乘(　　)。

2. 化简比：

35∶5；

360∶450；

0.6∶0.15；

27∶2/3；

7∶0.49；

3/20∶4/5；

0.4∶2/5；

3/4∶12。

3. 求比值。

35∶5；

360∶450；

0.6∶0.15；

27∶2/3;

7∶0.49;

3/20∶4/5;

0.4∶2/5;

3/4∶12

发展性练习

1. 有一个两位数,十位上的数和个位上的数的比是2∶3,十位上的数加上2就和个位上的数相等。这个两位数是多少?

2. 某班学生人数在40~50人,男生人数和女生人数是5∶6。这个班的男生和女生各有多少人?

3. 甲数是乙数的 $\frac{3}{10}$,乙数是丙数的 $\frac{4}{9}$,则甲、乙、丙的比是(　　)∶(　　)∶(　　)。

第五节 "比与比例"第四课"探究课(二)"

第四课 探 究 课 (二)

(本节课内容依据人民教育出版社义务教育教科书《数学》六年级上册第四单元设计)

课时内容:

按比分配。

教学目标:

(1) 使学生感知按比例分配的实际意义,能正确解答按比分配的实际问题。

(2) 通过同伴互学经历解决实际问题的过程,感受比在日常生活中的广泛应用。

(3) 培养学生观察、归纳和表达能力,发展学生创造性思维。

教学重难点:

重点:理解并掌握按比分配的解题方法。

难点:把比转化成分数。

教学准备：
课件、稀释瓶。
教学过程：

（一）创设情境，铺垫准备

出示清洁剂浓缩液与稀释瓶（图 3.5）。

图 3.5

师：同学们从瓶子上读到了哪些信息？

关键问题：通过这些信息，你读懂了什么？

预设：1∶4说明水的质量是浓缩液的4倍，配比为1∶3时浓度最高。

（二）自主探究，深入分析

活动一：稀释浓缩液。

问：你准备怎样稀释清洁剂？

关键问题：如果要配置一瓶500 mL的稀释液，按照你的方案，其中浓缩液和水的体积分别是多少（假设浓缩液与水的密度一样）？

学生按照方案组成小组，自主探究。

课堂学习单 1

问题：如果要配置一瓶 500 mL 的稀释液，按照你的方案，其中浓缩液和水的体积分别是多少？

我的解决方案是：

活动二：交流分享。

师：同学们是怎样解决的？

学生自主汇报，教师引导组际辩论分析，并形成板书。

预设1：总体积均分得到水和浓缩液的体积。

预设2：用和倍问题的数量关系求出水和浓缩液的体积。

预设3：按比分配的思路求出水和浓缩液的体积。

师：××组的方法同学们明白了吗？用第三种方法试一试。

自学例题。

师：课本中的书写方式与你的有什么区别？

（三）丰富实例，深入探究

1. 混凝土配比

出示情境：要搅拌20吨的混凝土，需要水泥、沙子和石子各多少吨？

师：你能解决这个问题吗？

（不能）请补充缺少的信息。

师：你需要什么条件？

提示：水泥、沙子和石子的质量比是2∶3∶5。

学生自主尝试并汇报。

2. 植树任务分配

出示情境：学校要把栽树的任务根据六年级3个班的人数进行分配，一班有46人，二班有44人，三班有50人，3个班各应栽多少棵树？

师：你能解决这个问题吗？

（不能）请补充缺少的信息。

学生自主尝试并汇报。

（四）总结回顾，形成能力

师：今天你学到了什么？

板书课题："按比分配"。

关键问题：生活中还有哪些地方会用到按比分配？请收集，并给予数据，形成今天学习的问题，再解决。

课后作业单 2

生活中还有哪些地方会用到按比分配？请收集，并给予数据，形成今天学习的问题，再解决。

我收集的是：

我编辑的题目是：

我的解决方案是：

过关清单

基础性练习

有一根 96 cm 长的铜丝，按照 3∶4∶5 截成 3 段，能否围成三角形？

一个直角三角形的两个锐角的度数比是 1∶5，这两个锐角各是多少度？

一种药水是用药物和水按 3∶400 的质量比配制成的。要配制这种药水 1612 kg，需要药物粉多少千克？用 36 kg 药粉，可配制成多少千克的药水？

发展性练习

1. 盒子里的黑球和白球的个数比是 3∶5，黑球比白球少 16 个，求黑球和白球各有多少个？

2. 学校买回 350 本书，全部分给两个班，1 班分得本数的二分之一正好是 2 班的三分之一，两个班各分得多少本？

第六节 "比与比例"第五课"建构课（二）"

第五课 建 构 课（二）

（本节课内容依据人民教育出版社义务教育教科书《数学》六年级下册第四单元设计）

课时内容：

比例的意义。

教学目标：

（1）使学生在具体情境中理解比例的意义，掌握组成比例的关键条件；能应用比例的意义判断两个比能够构成比例。

（2）通过观察、比较、判断、归纳等活动，让学生经历知识建构的过程，深化概念。

（3）感受知识的内在联系，增强分析问题和解决问题的能力。

教学重难点：

重点：在具体情境中理解比例的意义，掌握组成比例的关键条件。

难点：运用比例的意义判断两个比是否能构成比例，并能正确组成比例。

教学准备：

教学课件。

教学过程：

（一）课前探究

课前探究单

我会写：
请写出比值是15的比，你能写出哪几组？

我会想：
怎样能够很快地写出几组比值相等的比？

（二）课中探究

1. 设疑导入，激发需求

课件出示教师照片（如图3.6所示，一张正常比例，两张变形）。

图 3.6

师：看到照片大家都笑了，为什么？

师:是的,这张正常的照片里面蕴藏着数学知识,就是今天我们要研究的内容——比例。

师:看到这个课题,你想知道什么?

2. 自主探究,建立概念

活动一:探究为什么每面国旗的形状相同?

(1) 以课件出示国旗图片。

师:比较这些国旗,有什么相同和不同之处(形状相同,大小不同)?

关键问题:为什么每面国旗的大小不等而形状始终相同?

(2) 出示数据,学生探究。

(3) 学生汇报交流:

$2.4:1.6=1.5$;

$60:40=1.5$;

$5:10/3=1.5$;

$1.6:2.4=1.5$;

$40:60=1.5$;

$10/3:5=1.5$。

师:同学们发现了什么?

师:所有国旗的长与宽的比必须是 $3:2$,比值是 1.5,所以国旗虽然大小不一样,但形状是一样的。

活动二:探究什么是比例? 比与比例有什么区别?

师:3面国旗的长和宽的比值都相等,那两个比可以用什么数学符号连接?

学生回答。

教师板书:"$2.4:1.6=60:40$"。

师:同学们还能用这些比组成这样的等式吗?

学生汇报。

关键问题:你能说一说什么叫作比例吗?

揭示:表示两个比相等的式子叫作比例。

师:这就是比例的意义。

关键问题:比与比例有什么区别?

学生讨论并汇报。

活动三:你还能找出哪些比例?

学生自主尝试。

引导学生思考,长与长的比和对应的宽与宽的比也能组成比例。

（三）应用比例，内化概念

(1) 下面哪组中的两个比能组成比例？

6∶1 和 9∶15　　0.6∶0.2 和 1/4∶3/4

(2) 表 3.10 中相对应的两个量的比能否组成比例？

表 3.10

衣服数量（件）	5	10
总价（元）	100	200

问：这两个量的比表示什么含义？

(3) 你能写出一组比例吗？同桌互相验证。

(4) 解决问题：

某犯罪嫌疑人作案后逃离现场，留下一只长 25 cm 的脚印。已知脚的长度与人体身高之比是 1∶7，你能推测出犯罪嫌疑人的身高大约是多少吗？

（四）教学总结

师：今天这节课同学们有什么收获？

过关清单

基础性练习

1. 填一填：

(1) 表示_____，叫比例。

(2) 用 2,3,12 再配上一个数，这 4 个数组成的比例是_____。

(3) 一个比例的两个内项的积是最小的合数，其中一个外项是 1，另一个外项_____。

2. 选一选：

(1) 比例 5∶3 = 15∶9 的内项 3 增加 6，要使比例成立，外项 9 应该增加（　　）。

① 6　　② 18　　③ 27

(2) 下面的比中能与 3∶8 组成比例的是（　　）。

① 3.5∶6　　② 1.5∶4　　③ 6∶1.5

发展性练习

1. 如果 $7a = 8b$，那么 $a : b = ($ 　　$) : ($ 　　$)$。

2. 给 12,6,18 这 3 个数添上一个数组成比例，这个数可以是（　　）、（　　）或（　　）。

3. 从24的因数中选出4个因数,组成的比例是( )。

4. 填一填,你发现了什么?

8 : 4 = ( ) : ( )　　12 : ( ) = ( ) : 5

第七节 "比与比例"第六课"建构课(三)"

第六课 建 构 课(三)

(本节课内容依据人民教育出版社义务教育教科书《数学》六年级下册第四单元设计)

课时内容:

比例的基本性质。

教学目标:

(1) 知道比例各部分的名称,探索并掌握比例的基本性质,能根据比例的基本性质正确判断两个比能否组成比例,能根据乘法等式写出正确的比例。

(2) 通过观察、猜测、举例验证、归纳等数学活动,经历探究比例基本性质的过程。

(3) 渗透有序思考,感受变与不变的思想,体验比例基本性质的应用价值。

教学重难点:

重点:探索并掌握比例的基本性质,能正确判断两个比能否组成比例。

难点:自主探究比例的基本性质。

教学准备:

课件。

教学过程:

(一)复习引入

师:上节课,我们已经认识了比例。请你写出两个比,组成比例。

学生尝试并汇报,集体辨析是否是比例。

课件出示:2.4∶1.6=60∶40

(二)自主探究,理解比例的基本性质

活动一:认识比例各部分的名称。

(1)学生自学教材第41页相关知识。

(2)选择学生进行汇报。

明确:组成比例的4个数叫作这个比例的项;两端的两项"2.4和40"叫作比例的外项;中间的两项"1.6和60"叫作比例的内项。

师:如果写成分数形式,内项是什么?外项呢?

教师板书,学生根据板书回答。

(3)你能说出你们写出的比例的内项和外项各是多少吗?

活动二:探究比例的基本性质。

(1)猜想。

关键问题:仔细观察这组等式,你有什么发现?

(两个外项的积等于两个内项的积;两个内项的位置可以交换……)

(2)验证。

师:猜想对不对呢?是不是所有的比例都符合你的猜想?

追问:你认为应该怎样验证?

师:通过举例验证,同学们得出什么结论?

(3)归纳。

师:你们的发现与数学家不谋而合,他们也发现在"比例中,两个外项的积等于两个内项的积",并且给它起了个名字,叫作比例的基本性质。

板书课题:"比例的基本性质"。

(4)应用。

① 如果用字母表示比例的4个项,即 $a∶b=c∶d$,那么,比例的基本性质可以如何表示?

板书:"$ad=bc$"或"$bc=ad$"。

② 0∶3和0∶4可以组成比例吗?3∶0和4∶0呢?

师:如果把比例写成分数形式,怎么相乘?

学生尝试并汇报。

（三）巩固练习，应用比例的基本性质

(1) 判断下面哪组中的两个比可以组成比例：

6∶3 和 8∶5；

0.2∶2.5 和 4∶50；

1/3∶1/6 和 1/2∶1/4；

1.2∶3/4 和 4/5∶5。

学生尝试判断并交流，明确思考方法。

关键问题：你是怎么判断的？还可以用什么方法来判断？这两种方法，你更喜欢哪种？为什么？

(2) 根据下列等式写出比例：

师：张老师根据"$2×9=3×6$"写出了比例，猜猜我写出了哪些比例？请在练习本上写一写。

师：你为什么写得那么快？有什么窍门吗？

追问：根据这个乘法等式，一共可以写多少个比例？

(3) 如果 $a×2=b×4$，则 $a∶b=($　　$)∶($　　$)$；

师：如果 $a∶b=4∶2$，则 $a=4$，$b=2$。这种说法对吗？为什么？那么 a、b 还可能是多少？你发现了什么？

(4) 猜猜我是谁？

6∶(　　)=5∶4。

（四）分享收获，畅谈感想

师：这节课，我们学习了什么？我们是怎样探究比例的基本性质的？

小红说"我的心脏 45 秒跳 54 次"，小敏说"那么就是 1 分钟跳 72 次"，小敏说得对吗？

过关清单

基础性练习

1. 根据 $4×9=12×3$ 写出的比例是_____。

2. 用 2，3，12 再配上一个数，这 4 个数组成的比例是_____。

3. 比例 5∶3=15∶9 的内项 3 增加 6，要使比例成立，外项 9 应增加_____。

发展性练习

1. 一个比例的两个内项的积是最小的合数,其中一个外项是 1,另一个外项 _____。

2. 根据要求写比例:

(1) 它的各项都是整数,且两个比值是 8;

(2) 它的内项相等,且两个比值都是 12;

(3) 它的两个内项互为倒数。

第八节 "比与比例"第七课"探究课(三)"

第七课 探究课(三)

(本节课内容依据人民教育出版社义务教育教科书《数学》六年级下册第四单元设计)

课时内容:

解比例。

教学目标:

(1) 会根据比例的性质或比例的意义正确地解比例;经历解比例的过程,感受数学知识的内在联系。

(2) 联系实际情境,体会解比例在生活生产中的广泛应用;体验应用知识解决问题的乐趣,激发学习数学知识的热情。

(3) 培养灵活的思维能力和综合运用知识的能力。

教学重难点:

重点:学会解比例的方法,能正确地解比例,进一步理解和掌握比例的基本性质。

难点:掌握多种解比例的方法。

教学准备:

课件。

教学过程:

(一)复习回顾

1. 复习铺垫

师:什么是比例?

2. 讨论交流

问:下面哪两个比能组成比例?

出示课件: $2:3$ $0.5:0.2$ $0.6:0.8$

关键问题:他们的判断对吗?你是怎么知道的?

3. 活动激趣

填一填并说明理由:

$1:3=(\quad):(\quad)$ $3:8=9:(\quad)$

师:$3:8=9:(\quad)$中的未知项也可以用 x 来表示,写成 $3:8=9:x$,像这样求比例中的未知项,叫作解比例。

板书课题:"解比例"。

(二)探究新知

活动一:探究解比例的方法。

通过出示课件例2:法国巴黎的埃菲尔铁塔高度约 320 m。北京的世界公园里有一座埃菲尔铁塔的模型,它的高度与原塔高度的比是1:10,这座模型高多少米?

(1)学生读题,理解已知条件和问题。

(2)小组合作,尝试解答。

(3)汇报交流。

教师引导学生明确解决问题的步骤,可以先根据比例的性质把比例写成方程,然后解方程。

活动二:探究分数形式的比例解法。

(1)通过课件出示例3:$2.4/1.5=6/x$

(2)学生尝试解比例,指名板演。

(3)集体辨析。

(4)总结解比例的过程。

关键问题:解比例首先要做什么?然后做什么?

学生回答,教师小结。

（三）巩固练习

(1) 做一做：解下面的比例。

$x:10 = \dfrac{1}{4}:\dfrac{1}{3}$；

$0.4:x = 1.2:2$；

$\dfrac{12}{2.4} = \dfrac{3}{x}$。

(2) 博物馆展出了一个高 19.6 cm 的秦代将军俑模型，它的高度与实际高度的比是 1∶10。这个将军俑的实际高度是多少？

(3) 汽车厂按 1∶24 的比生产了一批汽车模型，轿车模型长 24.92 cm，它的实际长度是多少？公共汽车长 11.75 m，模型车的长度是多少？

(4) 悦西湖 1 号楼的实际高度为 35 m，它的高度与模型高度的比是 500∶1，模型的高度是多少厘米？

（四）全课总结

师：解比例时应该注意什么？

过关清单

基础性练习

$10:50 = x:40$；

$x:3.6 = 6:18$；

$1/2:1/5 = 1/4:x$；

$x:25 = 1.2 = 75$。

发展性练习

按照下面的条件列出比例，并且解比例：

(1) 5 和 8 的比等于 40 和 x 的比。

(2) x 和 3/4 的比等于 1/5 和 2/5 的比。

(3) 等号左端的比是 1.5∶x，等号右端比的前项和后项分别是 3.6 和 4.8。

(4) 比例的两个内项分别是 2 和 5，两个外项分别是 x 和 2.5。

第九节 "比与比例"第八课"建构课(四)"

第八课 建 构 课(四)

（本节课内容依据人民教育出版社义务教育教科书《数学》六年级下册第四单元设计）

课时内容：
正比例。

教学目标：
（1）经历正比例意义的建构过程，通过具体问题认识成正比例的量，初步感受生活中成正比例的量，并能正确判断成正比例的量。

（2）通过观察、比较、分析、归纳等数学活动，发现正比例量的特征，尝试概括正比例的意义。提高学生分析比较、归纳概括、判断推理能力，渗透函数思想。

（3）在主动参与数学活动的过程中，感受数学思考过程的条理性和数学结论的确定性，并乐于与人交流。

教学重难点：
重点：正确理解正比例的意义，能准确判断成正比例的量。
难点：理解两个变量之间的比例关系，发现思考两种相关联的量之间的变化规律。

教学准备：
课件、小黑板、卡纸、学生备用题。

教学过程：

（一）创设情境，引入相关联的量

师：还记得《数青蛙》这首儿歌吗？
师：同学们会唱吗？3只青蛙……4只青蛙……那么 n 只青蛙呢？
问：这里面有什么规律吗？
点名回答。

师:嘴巴数、眼睛数、腿数都随着青蛙只数的变化而变化,像这样有一定关系的量,在数学上,称为相关联的量。

(二)自主探究,建构正比例意义

1. 初步感受成正比例量的变化规律

师:相关联的量在变化的时候有一定的规律,像这样的相关联量还有许多,今天我们就来继续研究。老师为你们的研究找了几组材料。

活动一:填一填,算一算。

课堂探究单

1. 填一填,算一算

材料1:文具店有一种彩带,销售的数量与总价的关系如表3.11所示。

表3.11 材料1

数量(m)	1	2	3	4	5	6	7	8	…
总价(元)	3.5	7	10.5	14	17.5	21	24.5	28	

材料2:一辆汽车行驶的速度为90 km/h,汽车行驶的时间和路程如表3.12所示。

表3.12 材料2

时间(h)	1	2	3	4	5	6	7	8
路程(km)	90	180	270	360				

2. 填一填,想一想

材料3:填写表3.13。

表3.13 材料3

边长(cm)	周长(cm)
1	4
2	
3	
4	

材料4:填写表3.14。

表3.14 材料4

边长(cm)	面积(cm)
1	1
2	
3	
4	

(1) 学生探究:

任意写出3个相对应的总价与数量的比或路程与时间的比,并算出它们的比值。

(2) 组内讨论:

① 材料1中有( )和( )两种量。

材料2中有( )和( )两种量。

② 通过观察,你发现了什么规律?

(3) 组队辨析:

关键问题:这两张表格的变化情况有什么相同点?

小结:一种量增加或(减少),另一种量也相应增加或(减少),它们相对应的两个量的比值一定。

2. 在比较中继续感受成正比例量的变化规律

师:材料3、材料4中两个量的变化情况和材料1、材料2的一样吗?

(1) 出示材料3、材料4。

(2) 学生填写表格,并回答问题。

(3) 观察图像,再次感受正比例。

师:除了用表格的形式表示它们的变化情况,我们还可以用图像来表示它们的变化情况。

(展示材料5)

上面的课堂探究单中的数据还可以用图(图3.7)表示。

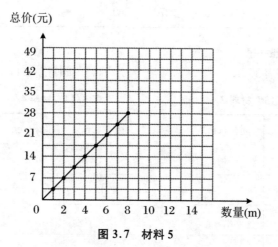

图3.7 材料5

根据图3.7回答下面的问题:

① 从图中你发现了什么？

② 把数对(10,35)和(12,42)所在的点描出来,将图线连起来并延长,你还能发现什么？

③ 不计算,根据图判断,如果买 9 m 彩带,总价是多少？49 元能买多少米彩带？

④ 小明买的彩带的米数是小丽的 2 倍,他花的钱是小丽的几倍？

活动二:看一看,想一想。

师:观察图 3.7,同学们发现了什么？

师:不计算,只根据图像判断,如果买 9 m 彩带,总价是多少？49 元能买多长的彩带？

师再问:小明买的彩带的米数是小丽的 2 倍,他花的钱是小丽的几倍？

关键问题:把前面两个材料的数据也制成这样的图像,材料 5 的形状会与哪幅图像相同呢,为什么？

学生在方格纸上制作图像。

展示作品。

师:同学们能提出哪些数学问题？

小结:像这样的两个相关联的量,在数学上被称为成正比例的量,它们的关系叫作正比例关系。

板书课题:"正比例"。

3. 尝试归纳正比例的意义

(1) 出示材料 1。

师指出:像这样数量增加(或减少),总价也相应增加(或减少),而且相应的数量与总价的比值(也就是单价)一定,这两种量就叫作成正比例的量,它们的关系叫作正比例关系。

板书:"总价/数量 = 单价"。

师:同学们觉得哪些词比较重要？能完整地说一遍吗？

学生阅读课本第 45 页最后两个自然段。

(2) 学生归纳。

(3) 出示材料 2。

关键问题:这两个量是否是正比例关系？为什么？

学生表达,教师注意纠正、补充。

(三) 运用巩固,内化正比例意义

(1) 出示表格。

小明和爸爸的年龄变化情况如表 3.15 所示,把表填写完整。

表 3.15　年龄变化表

小明的年龄(岁)	6	7	8	9	10	11
爸爸的年龄(岁)	32	33				

学生填写。

师:父子的年龄成正比例吗?同学们是怎么想的?

(2) 判断下面各题中的两个量是否成正比例关系,并说明理由。

① 长方形的宽一定,长方形的面积和长。

② 订阅《少年大世界》的份数和总钱数。

③ 一个人的身高和年龄。

④ 一本书,已经看的页数和未看的页数。

(3) 在《数青蛙》儿歌中找出成正比例的量。

(四) 回顾总结,提升认识

师:通过学习,同学们有哪些收获?成正比例的量有什么特征?同学们能举出生活中具有正比例关系的例子吗?

过关清单

基础性练习

1. 判断 x 和 y 是否成正比例:

   (1) $y : x = 5$ ＿＿＿＿＿;

   (2) $y = x$ ＿＿＿＿＿;

   (2) $xy = 5$ ＿＿＿＿＿;

   (4) $5 + x = y$。

2. 判断 m 和 n 是否成正比例:

   如果 $3m = 4n$,那么 m 和 n ＿＿＿＿＿;

   如果 $m : 12 = n : 16$,那么 m 和 n ＿＿＿＿＿。

发展性练习

1. 一辆汽车行驶的时间和路程如表 3.16 所示。

表 3.16　汽车行驶时间/路程关系

时间(h)	1	2	3	4	5	6
路程(km)	80	160	240	320	400	480

(1) 写出几组路程与相对应的时间的比，并比较比值的大小。
(2) 说一说这个比值表示什么。
(3) 汽车行驶的路程与时间成正比例关系吗？为什么？
(4) 在图 3.8 中描出表示路程和相对应时间的点，然后把它们按顺序连起来，估计一下行驶 120 km 大约要用多少时间。

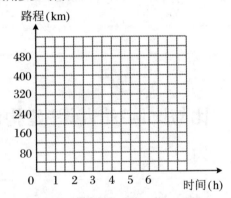

图 3.8　汽车行驶路程/时间关系

2. 下面是某种汽车所行路程和耗油量的对应数值表(表 3.17)。

表 3.17　汽车行驶路程/油耗关系

所行路程(km)	15	30	45	75	
耗油量(L)	2	4	6	10	

(1) 汽车的耗油量与所行路程成正比例关系吗？为什么？
(2) 图 3.9 所示为汽车所行路程与相应耗油量关系，说一说它有什么特点。

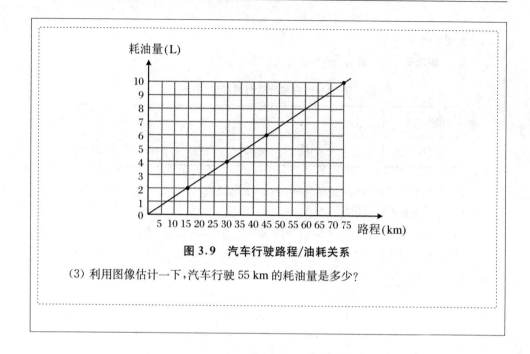

图3.9 汽车行驶路程/油耗关系

(3) 利用图像估计一下,汽车行驶55 km的耗油量是多少?

第十节 "比与比例"第九课"建构课(五)"

第九课 建构课(五)

(本节课内容依据人民教育出版社义务教育教科书《数学》六年级下册第四单元设计)

课时内容:

反比例。

教学目标:

(1) 结合情境,建构反比例的意义;能根据反比例的意义,正确判断成反比例关系的量;能利用反比例解决一些简单的生活问题,感受反比例在生活中的广泛应用。

(2) 经历比较、分析、归纳等数学活动,提高分析比较、归纳概括能力,培养学生逻辑思维。再次体会函数思想。

教学重难点：

重点：理解反比例的意义，掌握成反比例的量的变化规律及其特征。

难点：能根据反比例的意义正确判断两种相关联的量是否成反比例。

教学准备：

课件。

教学过程：

（一）复习回顾

1. 回顾

师：上节课，我们学习了正比例，如何判断两种相关联的量是否成正比例关系？

点名回答。

教师对回答进行点拨。

2. 判断

出示课件：

下面各题中的两个量是否成正比例关系？说明理由。

(1) 工作效率一定，工作时间和工作总量。

(2) 奶牛每天的产奶量一定，奶牛的头数和产奶总量。

(3) 征订同一种刊物，征订数量和总价。

独立思考，点名回答。

师：既然正与反意义是相反的，请同学们猜想成反比例的两个量的关系是怎样的呢？

学生表述。

师：同学们的猜想是否正确？要用事实来验证。这节课就我们共同研究反比例。

板书课题："反比例"。

（二）探究新知

1. 出示学习目标

(1) 举例两个相关联的量。

(2) 用数据说明一个量变化，另一个量也随着变化。

(3) 确定在变化中有什么是不变的。

（4）如果有困难，可以从老师提供的实例中选取相关联的两个量进行研究。

2. 自主探究

活动一：验证猜想。

设置情境如图 3.10 所示。

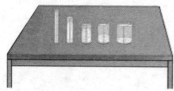

图 3.10

课堂探究单 1

研究素材：

（1）把相同体积的水倒入底面积不同的杯子，杯子的底面积与水的高度。

（2）某种汽车所行路程和耗油量。

（3）同一地点，3 棵树的树高和影子长。

（4）给一间长 9 m，宽 6 m 的教室铺地砖，每块地砖的面积与所需地砖块数。

选取素材，填写表 3.18 来说明研究结果：

表 3.18　课堂探究单 1 表

（　　）和（　　）是相关联的两种量，（　　）变化，（　　）也随着变化，这两个量的相对应的两个数的（　　）是一定的。

学生独立思考，组内讨论，形成小组结论。

3. 小组汇报

（1）展示小组成果，组际讨论辨析。

关键问题：为什么不选第 2 素材和第 3 素材？

得出：第 1 素材和第 4 素材中的两个量的乘积是一定。

(2) 根据学生的回答适时建立概念。

师:像这样两种相关联的量,一种量变化,另一种量也随着变化,如果这两种量相对应的两个数的乘积一定,这两种量就叫作成反比例的量,它们的关系叫作反比例关系。

用字母 x 和 y 表示两种相关联的量,用 k 表示它们的积(一定),反比例关系可以用 $xy = k$(一定)表示。

学生齐读概念。

(3) 运用概念进行判断。

下列相关联的两个量是否为正反比例关系,说明理由:

① 总人数一定,排队的行数和每行的人数。
② 煤的总量一定,每天的烧煤量和能够烧的天数。
③ 种子的总量一定,每公顷的播种量和播种的公顷数。
④ 长方形的宽一定,长方形的面积和长。
⑤ 华容做 12 道数学题,做完的题和没有做完的题。

点名回答,集体辨析。

师:要判断两个相关联的量是否成反比例关系,首先要看它们的积是否一定。而成正比例关系的两个量,相对应的数量的商一定。

师:通过刚才的学习,同学们认识了反比例。

4. 对比小结

活动二:对比明晰。

(1) 算一算,说一说。

课件出示:一辆汽车行驶的速度为 90 km/h,汽车行驶的时间和路程如表3.19 所示。

表 3.19 汽车行驶时间/路程关系

时间(h)	1	2	3	4	5	6	7	8
路程(km)	90	180	270	360				

一辆汽车从东城到北城,行驶的时间和速度如表 3.10 所示。

表 3.20 汽车行驶时间/速度关系

时间(h)	…	2	3	4	…	…	…	…
速度(km)	…	60	40	30	…	…	…	…

问:对比两组数据,哪一组的量是正比例关系,哪一组的量是反比例关系?
追问:判断的依据是什么?

(2) 填一填,想一想。

出示任务单,学生独立思考,小组合作,集体辨析。

课堂探究单 2

(1) 根据工作效率、工作时间、工作总量三者之间的关系填空:

因为( )×( )=工作总量,如果( )一定,( )和( )成反比例。

因为( )÷( )=工作效率,如果( )一定,( )和( )成正比例。

因为( )÷( )=工作时间,如果( )一定,( )和( )成正比例。

(2) 根据速度、时间、路程三者之间的关系填空:

因为( )×( )=路程,如果( )一定,( )和( )成反比例。

因为( )÷( )=速度,如果( )一定,( )和( )成正比例。

因为( )÷( )=时间,如果( )一定,( )和( )成正比例。

关键问题:正比例与反比例关系有什么异同点?

师:通过对比,同学们对正比例和反比例有了进一步的认识,知道了两者的区别和相同点,对比这种方法能让概念更加明确。

(三)巩固练习,检测导结

1. 选一选

(1) 分子一定,分数值和分母( )。

(2) 出勤率一定,应出勤的人数和实际出勤的人数( )。

(3) 第一个加数不变,第二个加数与它们的和( )。

(4) 圆的周长一定,圆周率与直径( )。

2. 判一判

(1) 相关联的两个量不是成正比例,就是成反比例。 ( )

(2) 若 $y=5x$,(x 不为0),则 x 和 y 成反比例。 ( )

(3) 圆柱的底面积一定,它的体积与高成正比例。 ( )

(4) 生产电视机的总台数一定,每天生产的台数和所用的天数成正比例。

( )

(四)全课总结,畅谈收获

师:同学们有哪些收获?还有什么地方感到困惑吗?

（五）课后拓展，延伸思考

过关清单

基础性练习

判断下面每题中的两种量是否成反比例，并说明理由：

(1) 路程一定，速度和时间。

(2) 长方形的面积一定，长和宽。

(3) 圆锥体的体积一定，底面积和高。

(4) 总册数一定，每包书的册数和包数。

(5) 总棵数一定，已经种的和还剩下的棵数。

(6) $a \div b = c$，当 a 一定时，b 和 c。

(7) $3 : x = y : 4$，x 和 y。

(8) 花生的出油率一定，花生和榨出的油。

发展性练习

看图像（图 3.11），回答问题。

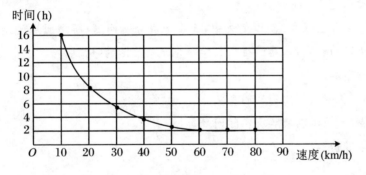

图 3.11

1. 速度和时间是否成比例？如果成比例，成什么比例？
2. 当速度为 90 km/h，所用时间是多少小时？

第十一节 "比与比例"第十课"探究课(四)"

第十课 探究课(四)

(本节课内容依据人民教育出版社义务教育教科书《数学》六年级下册第四单元设计)

课时内容:

比例尺。

教学目标:

(1) 结合具体情让学生了解比例尺产生的必要性,通过观察、操作与交流等活动,使学生理解比例尺的意义,学会并能正确求比例尺。

(2) 通过测量、绘图、估算、计算等活动,让学生学会运用比例尺解决生活中的实际问题。

(3) 在自主探究、合作交流中,逐步形成分析问题、解决问题的能力,体验数学与生活的联系,培养学生用数学眼光观察生活的习惯。

教学重难点:

重点:正确理解比例尺的含义。

难点:运用比例尺解决实际问题。

教学准备:

课件。

教学过程:

(一)情境引入,激发欲望

师:同学们,一只蚂蚁从北京爬到上海只用了两分钟,为什么?

在学生回答后,出示地图。

师:在绘制地图或平面图的时候,需要把实际距离按一定的比缩小(或扩大),再画在图纸上。这就用到今天我们要学习的新知识——比例尺。

（二）探究新知，理解意义

活动一：认识比例尺。

(1) 学生自学课本，回答问题。

师：什么叫作比例尺？

(2) 举例说明什么是数值比例尺，什么是线段比例尺。

学生举例，集体辨析。

(3) 说出下列比例尺的意思。

出示：1∶50000；

线段比例尺：$\begin{array}{c} 0\quad 50\,km \\ \rule{2cm}{0.4pt} \end{array}$。

师：把线段比例尺改成数值比例尺要注意什么？

师：比例尺 1∶5000000 表示图上距离是实际距离的几分之几？实际距离是图上距离的多少倍？

活动二：求比例尺。

师：同学们已经知道了什么是比例尺，那么同学们会求比例尺吗？

出示例1：北京到天津的实际距离是 120 km，在一幅地图上量得两地的图上距离是 2.4 cm。这幅地图的比例尺是多少？

学生独立解决，指名板演，集体辨析。

活动三：解决问题。

师：我们可以用比例尺来解决问题。

师：（出示北京轨道交通路线示意图）地铁1号线从苹果园站至四惠东站在图中的长度大约是 7.8 cm，从苹果园站至四惠东站的实际距离大约是多少千米？

学生独立尝试，小组内交流，汇报辨析。

方法一：运用比例的基本性质求出实际距离。

方法二：运用比例尺列方程求出实际距离。

（三）巩固练习，发展能力

(1) 完成课本第54页的"做一做"。

(2) 一幅地图的比例尺是 1∶300000000，同学们能用线段比例尺表示出来吗？

（四）全课总结，畅谈收获

师：今天同学们学到了什么知识？有疑问吗？

(五)课后拓展,延伸思考

过关清单

基础性练习

填一填:

在比例尺是1∶2000000的地图上,图上距离1 cm表示实际距离(　　)km,也就是图上距离是实际距离的(　　),实际距离是图上距离的(　　)倍。

一种微型零件的长是5 mm,画在图纸上长20 cm,这幅图的比例尺是(　　)。

实际距离5 mm,图上距离10 cm,比例尺是(　　)。

在衣服比例尺是30∶1的图纸上,一个零件的图上长度是12 cm,它的实际长度是(　　)。

发展性练习

在一幅比例尺为1∶500的平面图上量得一间教室的长是3 cm,宽是2 cm。这间教室的图上面积与实际面积分别是多少?写出图上面积和实际面积的比,与比例尺进行比较,发现了什么?

第十二节　"比与比例"第十一课"探究课(五)"

第十一课　探　究　课(五)

(本节课内容依据人民教育出版社义务教育教科书《数学》六年级下册第四单元设计)

课时内容:

比例尺。

教学目标:

(1)运用比例尺绘制地图,学会解决生活中的实际问题,加深对比例尺的理解。

(2)在自主探究、合作交流中,逐步形成分析问题、解决问题的能力和创新的意识,体验数学与生活的联系,培养学生用数学眼光观察生活的习惯。

教学重难点:

重点:应用比例尺绘制地图。

难点:应用比例尺准确绘制地图。

教学准备:

课件。

教学过程:

(一)复习铺垫

1. 填一填

(1)图上距离2 cm表示实际距离20 km,这幅地图的比例尺是(　　)。

(2)在一张图纸上,用6 cm的线段表示3 mm,这张图纸的比例尺是(　　)。

(3)线段比 0 50 100 150 200 km 例尺改写成数值比例尺是(　　)。

2. 算一算

算一算,填写表3.21。

表3.21

比例尺	图上距离	实际距离
1∶60000000	15 cm	

(二)探究新知,理解意义

活动一:思考辨析。

出示材料:小明的家在学校正西方向,距学校200 m;小亮家在小明家正东方向,距小明家400 m;小红家在学校正北方向,距学校250 m。在图3.12中测出小明、小亮和小红三家和学校的位置平面图(比例尺1∶10000)

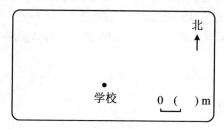

图3.12

关键问题：

要绘制地图，需要知道什么？

关键问题：

知道实际距离和比例尺，怎样得到图上距离呢？

小组讨论，尝试解决，集体辨析。

得出可以用算术方法，也可以用方程解决。

活动二：绘制地图。

小组合作，完成制作。

组际交流，分享作品。

关键问题：

绘制地图时需要注意什么？

（三）巩固练习，发展能力

学校要建一个长80 m、宽60 m的长方形操场，请在下图中画出操场的平面图（比例尺1∶2000）。

（四）全课总结，畅谈收获

师：这节课同学们有哪些收获？

（五）课后拓展，延伸思考

过关清单

基础性练习

(1) A图纸的比例尺是1∶2000，B图纸的比例尺是1∶500。这两张图纸上4 cm长的线段表示的实际长度各是多少米？

(2) 篮球场长28 m，宽15 m。图3.13所示为比例尺为1∶250的篮球场平面图和小明、小丽、小红在篮球场上的大致位置。小明在距边线2.5 m的3分线上，小丽在3分线的中点上，小红在距底线4 m的3分线上。请在图上标出他们的位置。

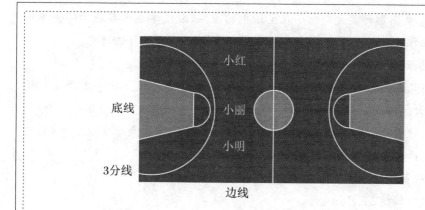

图 3.13 篮球场平面图

发展性练习

量一量家中客厅的长和宽以及一些家具的长和宽,以 1∶200 的比例尺画出客厅的平面图。

第十三节 "比与比例"第十二课"探究课(六)"

第十二课 探究课(六)

(本节课内容依据人民教育出版社义务教育教科书《数学》六年级下册第四单元设计)

课时内容:
图形的放大与缩小。

教学目标:

(1) 了解图形的放大与缩小的意义,能在方格纸上按一定的比画出放大或缩小的图形,体会图形的相似。

(2) 通过观察、理解、动手操作等体验图形的放大与缩小的方法,培养学生的空间观念。

(3)感受图形的放大与缩小在生活中的应用,激发学生学习数学的兴趣和求知欲,在学习过程中感受成功的喜悦,渗透"变与不变"的辩证思想。

教学重难点:

重点:认识图形的方法与缩小现象和特征,能在方格纸上按一定的比将简单图形放大或缩小。

难点:使学生知道图形按一定的比放大或缩小后,只是大小发生了变化,形状没变,从而体会图形相似的特点。

教学准备:

课件、方格纸、直尺

教学过程:

(一)创设情境,导入新课

1. 猜一猜

出示写有"图形的放大与缩小"的黑板贴。

师:上面写的是什么?

再把黑板贴放到展台上,逐渐调大。

师:为什么之前看不清,而现在看清了呢?

2. 看一看

以课件出示生活情境图(图3.14)。

图3.14

师:这些现象中哪些是把物体放大了,哪些是缩小了?

点名回答。

师:生活中还有很多放大或缩小的现象,这些现象包含着数学知识。今天这节课我们研究"图形的放大与缩小"。

板书课题:"图形的放大与缩小"。

（二）自主探索，合作交流

1. 初步感知生活中放大与缩小的现象

师：怎样将图片放大或缩小？

教师用鼠标选中图片并拉动，得到放大和缩小的图片。

2. 尝试探究，理解图形放大的含义

（1）理解图形的放大。

出示画在方格纸上的正方形，每个小方格的边长是 1 cm（图 3.15）。

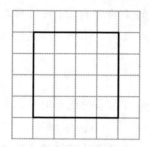

图 3.15

师：仔细观察，同学们能获得哪些数学信息？

点名发言。

出示要求：按 2∶1 画出正方形放大后的图形。

活动一：画正方形。

学生在方格纸上画一画，小组成员互相评价。

小组展示作品并汇报。

师：你是怎样画的？

关键问题：按"2∶1"放大是什么意思？怎么样才能把正方形按 2∶1 放大呢？

其他小组可以质疑，小组发言人给予解答。

课件展示画放大的正方形的过程。

活动二：画长方形和直角三角形。

师：用刚才学习到的方法画出直角三角形和长方形（图 3.16），你觉得需要知道些什么呢？

点名回答。

学生画图并汇报展示。

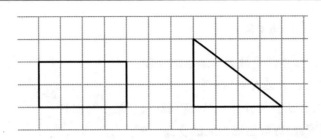

图 3.16

(2) 观察概括。

关键问题：观察放大后的直角三角形，相邻的两条直角边放大到原来的 2 倍，那么它的斜边也放大至原来的 2 倍吗？你怎么知道的？

汇报测量结果。

出示图片，学生观察。

关键问题：放大后的图形与原来的图形有什么相同的地方？有什么不同的地方？

引导学生回答并辨析，教师用课件随机演示验证。

师：一个图形按一定的比放大，它的每条边都按相同的比放大。每个图形各边的长都扩大到原来的 2 倍，周长扩大到原来的 2 倍，内角不变。图形变大，但形状不变。

3. 合作探究，理解图形缩小的含义

关键问题：如果把放大后的正方形按 1∶4，长方形按 1∶4，三角形按 1∶2 缩小，各个图形发生什么变化？

学生猜测。

活动三：画出正方形、长方形和三角形。

画图验证，汇报交流。

师：验证了你的猜想吗？

师：放大或缩小后的图形与原图形有什么异同？

小结：图形放大或缩小，图形的大小变了，形状不变。

教师板书结论。

(三) 应用巩固，内化概念

(1) 图 3.17 中的哪个图形是 A 图按 2∶1 放大后得到的图形？

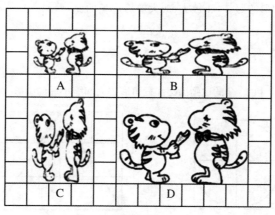

图 3.17

(2) 按照自定的比例画图形,把三角形 A 放大后得到三角形 B,再把三角形 B 缩小后得到三角形 C。

学生独立完成。集体辨析正误。

关键问题:观察三角形 A 和 B,它们的面积有什么变化?面积与边长是按照相同的比变化的吗?

(四) 全课总结

师:关于图形的放大与缩小你有什么想问的吗?

(五) 拓展延伸

(1) 同学们能举出生活中放大与缩小现象的例子吗?

(2) 一块漂亮的正方形手帕,边长 15 cm,按 4∶1 的比放大加工后,边长变为(　　)cm。

(3) 完成课本练习十一第 1、2 题。

过关清单

基础性练习

填一填:

(1) 一个长方形,长是 14 cm,宽是 8 cm:

① 按一定比例放大后,长是 42 cm,宽是 24 cm,是按照(　　)∶(　　)扩大的。

② 按一定比例缩小后,长是 7 cm,宽是 4 cm,是按照(　　)∶(　　)缩小的。

(2) 一个正方形按照 3∶1 放大,放大前后边长的比是(　　)∶(　　),面积比是
(　　)∶(　　)。

发展性练习

画一画:

(1) 按照 3∶1 和 1∶2 的比画出圆和三角形放大和缩小后的图形(图 3.18)。

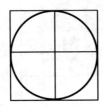 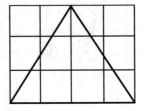

图 3.18

(2) 绘制一张校园平面图。

第十四节　"比与比例"第十三课"应用课"

第十三课　应　用　课

(本节课内容依据人民教育出版社义务教育教科书《数学》六年级下册第四单元设计)

课时内容:

用比例解决问题。

教学目标:

(1) 学会用正、反比例的方法解决问题,掌握用比例解决问题的思路和一般步骤;能利用正、反比例的意义正确地解决实际问题;体验由算术解法向比例解法的思维转化过程,体会用比例解决问题的优越性。

(2) 通过知识迁移,在用正比例解决问题的基础上,探究用反比例解决问

题的方法;借助对比总结用正、反比例解决问题的方法和步骤,培养学生分析解决问题的能力;培养发散性思维。

(3) 感受数学知识与实际生活的密切联系,培养应用数学的能力。

教学重难点:

重点:用正确正、反比例知识正确地解决实际问题。

难点:掌握用比例解决问题的思路和一般步骤;能准确判断数量间存在的比例关系,弄清两种量的变化情况。

教学过程:

(一) 复习旧知,铺垫下文

(1) 复习成正、反比例。

师:举例说明成正比例关系、反比例关系的量。

(2) 判断下面的两种量成什么比例?

$ab = c(a、b、c$ 均不等于 $0)$

当 a 一定时,b 和 c 成什么比例?

当 b 一定时,a 和 c 成什么比例?

当 c 一定时,a 和 b 成什么比例?

关键问题:判断两种相关联的量是不是成正比例关系的关键是什么?反比例呢?

(3) 下面各题中有哪三种量?哪种量一定?哪两种量是变化的?变化的规律怎样?它们成什么比例?写出等式。

① 一列火车从甲地到乙地,3 h 行驶 60 km,照这样的速度,8 h 可行 160 km。

② 读一本书,每天读 30 页,4 天可以读完,如果每天读 15 页,需要 x 天读完。

师:今天这节课我们一起学习用正比例和反比例的知识解决生活中的实际问题(板书课题)。

(二) 探索新知,感知策略

出示例题,学生解说图意,了解数学事例。

张大妈:我们家上个月用了 8 t 水,水费是 28 元。

李奶奶:我们家用了 10 t 水。

李奶奶家上个月的水费是多少钱?

1. 学生尝试解决,小组合作自主探究

活动一:想一想,填一填。

课堂探究单

(1) 我会填:

填写表3.22。

表3.22 水费表

	用水量(L)	水费(元)
李奶奶	10	
张大妈	8	28

从表中可以知道,单价一定,所以水费和用水量成比例,(　　)和(　　)的相等。

(2) 我会想:

方法一:

方法二:

(3) 我会做:

小明家上个月的水费是22.7元,他们家用了多少升水?

---

2. 汇报交流,总结步骤

(1) 学生汇报方法,根据学生汇报,教师板书用比例解决的方法。

关键问题:回顾刚才的学习过程,用比例解决问题经历了哪几步?

师生共同总结:一找,找相关联的两种量;二判,判断相关联的两种量成什么比例;三列,设未知数,列出比例式;四解,解比例;五检,用熟悉的方法检验。

(2) 学生完成课堂探究单上的"我会做"。

3. 应用策略,拓展新知

出示课本例6:一个办公楼原来平均每天照明用电100 kW·h,改用节能灯以后,平均每天只用25 kW·h,原来5天的用电量现在可以用多少天?

(1) 学生完成例6。

关键问题:你能按照刚才提出的5个步骤说解决问题吗?

活动二:想一想,做一做。

(2) 交流汇报探究过程。

师:通过学习,同学们知道了用反比例解决生活中的实际问题。

关键问题:应用比例知识解决问题,同学们认为什么很重要?

点名回答,集体辨析。

师:用比例解决实际问题,关键是找出题目中两种相关联的量,然后判断它们呈哪种比例关系,然后列出方程。

(三)巩固新知,形成能力

1. 只列式,不计算

(1)食堂买3桶油用780元,照这样计算,买8桶油要用多少元?

(2)同学们做广播操,每行站20人,正好站18行,如果每行站24人,可以站多少行?

2. 分析并选择

(1)王师傅6小时做96个零件,照这样计算,15小时可以做多少个零件?这题(　　)。

A. 用正比例解　　　B. 用反比例解　　　C. 不能用比例解

(2)装订一批书,计划每天装订1800本,40天完成,实际每天装订2000本,实际几天可以完成?设实际 x 天可以完成。正确列式是(　　)。

A. $1800x = 2000 \times 40$　　B. $2000x = 1800 \times 40$

3. 合理选择条件编题

根据所给条件,合理选择,编成可用比例解决的问题。

计划每天生产30辆;

实际每天生产40辆;

计划25天完成;

实际20天完成;

计划一共生产了900辆;

实际一共生产了1000辆。

活动三:选一选,编一编。

学生自主完成,组内交流并汇报。

(四)总结全课,盘点收获

师:这节课同学们有哪些收获?用比例解决实际问题的步骤是什么?同学们有哪些可以特别提醒大家的?

过关清单

基础性练习

用比例解决问题。

(1) 用同样的方砖铺地,铺 5 m² 需要方砖 120 块,照这样计算,再铺 32 m²,一共需要这种方砖多少块?

(2) 一艘轮船 3 h 行驶 80 km,照这样的速度,行驶 200 km 需要多少小时?

发展性练习

(1) 用一批纸装订成同样大小的练习本,如果每本 18 页,可装订 200 本,如果每本 16 页,可以装订多少本?

(2) 两个底面积相等的长方体,第一个长方体与第二个长方体高的比是 7∶11,第二个长方体的体积是 144 dm³,第一个长方体的体积是多少立方分米?

第十五节 "比与比例"第十四课"提升课"

第十四课 提 升 课

(本节课内容依据人民教育出版社义务教育教科书《数学》六年级下册第四单元设计)

课时内容:

整理与复习。

教学目标:

(1) 对单元知识进行系统的整理和复习,加深对概念的理解。

(2) 让学生体验数学与生活的密切联系,培养学生利用知识灵活解决实际问题的能力。

(3) 激发学生学习数学的自信心和敢于质疑的精神,渗透事物间是相互联系的观点。

教学重点：

理清知识结构，主动建构知识网络，学会整理的方法。

教学准备：

课件、课前探究单。

教学过程：

课前预习：学生选择合适的思维导图整理知识。

课堂探究单

(1) 我会整理：

用你认为合适的方式整理本单元知识。

(2) 我会填：

在表 3.23 中列举比与比例的区别。

表 3.23　比与比例的区别

	比	比例
意义		
各部分名称		
基本性质		

在表 3.24 中列举正比例和反比例的异同。

表 3.24　正比例和反比例的异同

	相同点	不同点	关系式
正比例			
反比例			

课中学习：

（一）汇报交流，感受知识脉络

1. 小组汇报

根据学生回答，师生共同完成整理图 3.19。

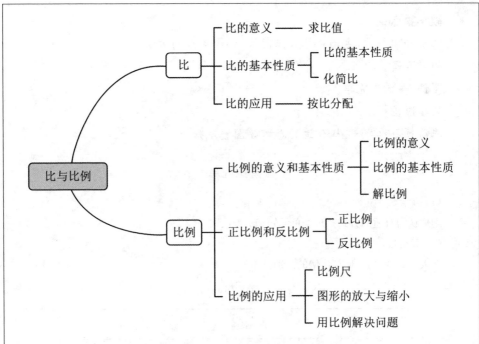

图 3.19 比与比例的思维导图

小结:用思维导图整理知识,可以让整个单元的学习内容更有条理,也能看出知识之间的联系,还可以更好地帮助我们回顾学习过程,检查出还有哪些不明白的知识点。

2. 沟通知识

学生汇报表格,师生共同整理(表 3.25)。

表 3.25 比与比例的区别

	比	比例
意义	两个数相除又叫两个数的比	表示两个比相等的式子叫作比例
各部分名称	9 : 6 =1.5 前项 后项 比值	内项 4 : 5 = 20 : 25 外项
基本性质	比的前项和后项同时乘或除以相同的数(0 除外)比值不变	在比例里,两个外项之积等于两个内项之积

师:通过表格对比,可以加深对比与比例的理解。生活中有很多实例都蕴含着比与比例的知识。

(二) 创设情景,回顾知识点

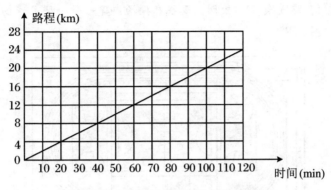

图 3.20 骑自行车的路程/时间关系

1. 出示课件图片①

张老师上班骑自行车,图 3.20 表示了行驶的路程和时间的关系。

师:张老师行驶的路程和时间成什么比例?为什么?

师:利用图像估计,第 8 min 的时候,老师行了多少米?行驶了 3000 m 时用了多长时间?

师再问:张老师 7:20 出发,7:40 分到达学校,老师家离学校有多远?

学生用不同的方法解决,和同桌交流。

师追问:张老师的家到学校的路程一定,行驶的速度和时间又成什么比例,为什么?

关键问题:同学们在解决这几个问题时,用到了哪些数学知识?

2. 出示课件图片②

图片为老师按 1:8 的比例在校园拍摄的一张照片。

师:照片上我的身高是 20 cm,同学们能算出老师的实际身高吗?

① $20 \times 8 = 16 \text{(cm)}$;

② 解:设同学的实际身高是 x cm:

$$20 : x = 1 : 8$$
$$x = 20 \times 8$$
$$x = 160$$

师:照片太小,后面的同学能看清吗?看不清怎么办?

师:我把它用投影仪放大,现在能看清了吗?

师:无论是缩小后的我,还是放大后的我,什么变了?什么没变?

师再问:刚才我们用到了什么知识?

3. 课件出示足球场平面图

师:同学们,这是美丽的校园。现在在操场内建一个小型足球场,这是它的平面设计图(图3.21)。

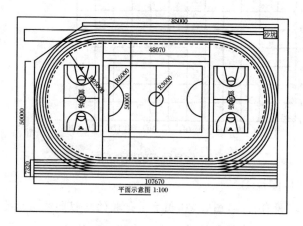

图3.21 足球场平面图

师:同学们了解到了哪些信息,可以解决什么问题?

(三)质疑问题,查漏补缺

师:在解决问题的过程中,大家回顾了比与比例这一单元的知识。你认为哪些内容容易混淆和出错?

预设1:正、反比例分辨不清。

预设2:比与比例。

预设3:比例尺的单位问题

……

师生共同整理表格(表3.26)。

表3.26 正比例与反比例的异同

	相同点	不同点	关系式
正比例	一个量		
反比例			

（四）练习巩固，深化知识

课堂学习单

1. 化简下列各比，并求出比值。

(1) $14:8$；

(2) $1/3:1/4$；

(3) $4.5:0.9$。

2. 解比例

(1) $6/x = 2/7$；

(2) $1/10:x = 1/8:1/4$。

3. 填一填。

(1) 小圆半径是 2 cm，大圆半径是 3 cm。大圆和小圆的周长比是（　　），面积比是（　　）。

(2) 长方体的棱长总和是 120，长、宽、高的比是 $3:2:1$，长方体的长、宽、高分别是（　　）、（　　）、（　　）。

(3) 甲、乙、丙三个数的和是 110，甲与乙的比是 $3:2$，乙与丙的比是 $4:1$，求甲、乙、丙各是（　　）、（　　）、（　　）。

(4) 在一幅线段比例尺是 $\underset{\text{0 30 60 90 km}}{\vdash\!\!-\!\!\vdash\!\!-\!\!\vdash\!\!-\!\!\dashv}$ 的地图上，把这个线段比例尺改写成数值比例尺是（　　）。已知铜陵市到枞阳县实际距离约是 120 km，那么市区到枞阳县图上距离约是（　　）。量得铜陵市区到大通镇的图上距离越是 5 cm，算出铜陵市去到大通镇的实际距离约是（　　）。

4. 判一判。

(1) 下面相关联的量成什么比例？为什么？

除数一定，（　　）和（　　）成（　　）比例。

被除数一定，（　　）和（　　）成（　　）比例。

前项一定，（　　）和（　　）成（　　）比例。

后项一定，（　　）和（　　）成（　　）比例。

(2) 下列关系中，两种量是否成比例？如成比例成什么比例？

$X + Y = K$；

$X - Y = K$；

$A \times A = S$；

$X = 8Y$；

$A \times H \times 1/2 = S$。

（五）全课总结

师：通过本节的学习，同学们梳理知识加以整理，看到了千变万化的知识间既有联系又有区别，知识结构显得很清晰，希望同学们把这种整理方法也能用到以后的学习当中。

通过表 3.27 评价学习效果。

表 3.27　持续性评价题目

评 价 题 目	评 价 重 点
1. 小明 3 min 走了 240 m，小杰 5 min 走了 350 m。 (1) 小明与小杰行走的时间比是（　　），比值是（　　）； (2) 小明与小杰行走的路程比是（　　），比值是（　　）； (3) 小明路程与时间的比是（　　），比值是（　　），比值表示（　　）； (4) 小杰路程与时间的比是（　　），比值是（　　），比值表示（　　）； (5) 小明行走速度与小杰行走速度的比是（　　）	学生对同类量的比、不同类量的比、比值等概念的理解是否准确？
2. 小亮身高 150 cm，他的表妹身高 1 m，小亮说："我和表妹身高的比是 150∶1。" 小亮的说法对吗？正确的比应该是多少？你会化简吗？	学生对比的基本性质认识是否准确，能否利用比的基本性质化简比？
3. 用 84 cm 长的铁丝围成一个三角形，三条边的长度比是 3∶4∶5，三角形的三条边各长多少厘米？	学生是否能解决按比分配的实际问题？
4. 在括号里填入适当的数，使比例成立： (1) 7∶8 = 14∶（　　）； (2) 3.2∶0.5 = （　　）∶2； (3) 1/6∶（　　） = 1/8∶1/4； (4) （　　）∶2/3 = 0.3∶1/5	学生能否使用比值相等来求出比例中空缺的项？
5. 将等式 3×40 = 8×15 改写成比例，你能写出几对比例就写出几对。	学生灵活运用比例的基本性质解决问题的能力怎样？

续表

评 价 题 目	评 价 重 点
6. 我会解比例： (1) $10:50=x:40$； (2) $0.4:x=1.2:2$； (3) $x:10=1/4:1/3$； (4) $x:3.6=6:18$	学生能否利用比例的基本性质正确地解比例？
7. 判断以下各项是否成正比例并说出理由： (1) 比例尺一定，图上距离与实际距离； (2) 小麦的出粉率一定，小麦的质量与面粉的质量； (3) 被减数一定，减数与差； (4) 正方形的周长和边长； (5) 圆的周长和半径	学生能否利用正比例的含义准确地判断两个量是否成正比例？
8. 已知 $xy=45$，那么 x 和 y 成（　　）比例； 已知 $5x=3y$，那么 x 和 y 成（　　）比例	学生能否理解正比例和反比例？能否进行准确区分？
9. 一个长方形操场长 60 m，宽 40 m，把它画在比例尺是 1:2000 的图纸上，长和宽各应画多长？请在下面画出，并求出长方形操场在图纸上的面积。	学生是否掌握比例尺的有关知识？学生规范作图的能力如何？
10. 一个梯形的上底长 6 cm，下底长 8 cm，高是 4 cm，按 3:1 的比例放大图形，求放大后的梯形面积	学生能否掌握图形的放大与缩小？是否清楚放大后面积的变化情况？
11. 我会自己编两道分别用正比例和反比例解决的实际问题。 (1) 用正比例解决问题： 题目： 分析和解答： (2) 用反比例解决问题： 题目： 分析与解答：	学生在自主编制数学问题的过程中能否区分正比例和反比例的适用情境？ 学生能否灵活应用正比例和反比例的有关知识解决实际问题？ 提出问题比解决问题更有挑战性

第十六节 "数的运算"大单元教学设计

一、缘起

（一）学生学习存在的障碍

实施"新课程"的过程中，我们重视了学生的动手实践、相互合作，鼓励学生算法多样化，我们的课堂比以前更加活跃，学生的个性得到了张扬。但是，学生在计算方面出现了一些新的问题，主要表现为计算兴趣不高、计算准确率低等。

（二）教师教时的困惑和偏差

一线教师在实际教学中发现，传统的计算教学强调以教师为中心，学生机械地接受知识，难以帮助学生形成完整的知识框架，学生理解算理困难。教师课后要花费大量的时间用于提高学生计算的速度和准确性。另外，数的运算教学中常常遇到这样的尴尬：学生的已有经验如鲠在喉，却不得不按照课时、跟随教材，依序教学。

（三）知识之间的联系

在数的运算的学习过程中，内容一步步加深，但是却有着紧密的内在联系。比如，整数、小数、分数的加减法运算法则，分别在小学低、中、高年级出现，虽然这些法则文字表达各异，教学侧重点也有所不同，但是算理是相通的，就是只有相同单位上的数才能相加减。另外，数的运算内容学习方式上也有着相似性，如经常会借助小棒、计数器、线段图等学具或工具探索新知，其直观性可以让学生更好地接受和理解算理。

面对以上问题，教师应从依托教材内容转为基于儿童立场，自下而上简化教师导学环节，充实学生思考时间。以"学的基础"定"教的起点"，以"学的需要"定"教的策略"，以"学的生成"定"教的深度"。教师需要具备全局意识，打破课时甚至单元之间的壁垒，为学生提供一个更加开放的知识体系，单元统整应时而生。

二、教材分析

(一) 课标要求

随着人工智能时代的到来,社会对于人才的需要发生着巨大的转变。教师在教学的过程中也应转变教育教学的观念,从社会需要的大背景出发,立足于学生的身心发展的特点与现有的生活经验,制定有效的教学策略以促进学生数学素养的养成。2022版《义务教育数学课程标准》明确指出:小学阶段核心素养的主要表现包括"运算能力"(表3.28)。运算能力主要指根据法则和运算律进行正确运算的能力。培养运算能力有助于学生形成规范化思考问题的品质。新课标的课程基本理念在课程内容上强调要将数学的形成过程和其蕴含的数学思想方法包括在内。在这个基本理念的指导下,要求教师带领学生揭示知识的数学本质,体现其中的数学思想;要求学生不仅要掌握算法,还要知道算理。

表3.28 《义务教育数学课程标准》(2022年版)对小学阶段"数的运算"的要求

学 段	内容	学段目标	内 容 要 求
第一学段 (一至二 年级)	数的 运算	能进行简单的整数四则运算,形成初步的数感、符号意识和运算能力	(1) 在具体情境中,了解四则运算的意义,感悟运算之间的关系; (2) 探索加法和减法的算理与算法,会整数加减法; (3) 探索乘法和除法的算理与算法,会简单的整数乘除法; (4) 在解决生活情境问题的过程中,体会数和运算的意义,形成初步的符号意识、数感、运算能力和推理意识
第二学段 (三至四 年级)	数的 运算	能进行较复杂的整数四则运算和简单的小数、分数的加减运算,理解运算律;形成数感、运算能力和初步的推理意识	(1) 探索并掌握多位数的乘除法,感悟从未知到已知的转化; (2) 会同分母分数的加减法和一位小数的加减法; (3) 在解决简单实际问题的过程中,理解四则运算的意义,能进行整数四则混合运算; (4) 探索并理解运算律(加法交换律和结合律、乘法交换律和结合律、乘法对加法的分配律),能用字母表示运算律

续表

学 段	内容	学段目标	内 容 要 求
第三学段（五至六年级）	数的运算	能进行小数和分数的四则运算，探索数运算的一致性；形成符号意识、运算能力、推理意识	(1) 结合具体情境理解整数除法与分数的关系； (2) 能进行简单的小数、分数四则运算和混合运算，感悟运算的一致性，发展运算能力和推理意识

（二）教材地位

在小学阶段，数的运算主要包括整数、小数、分数的四则运算。运算形式主要有口算、笔算、估算、借助计算器进行复杂的计算和探索规律等。数的运算的知识和技能是小学生学习数学需要掌握的基础知识和基本技能，它贯穿了小学一至六年级，融合了数学的四大领域。可见，数的运算在整个小学教材中的重要性。

（三）人教版教材中"数的运算"单元编写结构

人教版教材中的"数的运算"部分分散在一至六年级共11册教材中，六年级下册没有安排单独的"数的运算"单元（表3.29）。

表3.29 人教版教材中"数的运算"内容的分布和安排

年级	章节	教学内容
一年级上册	第三单元	1~5的加减法
	第五单元	6~10的加减法
	第八单元	20以内的进位加法
一年级下册	第二单元	20以内的退位减法
	第六单元	100以内的加法和减法（口算）
二年级上册	第二单元	100以内加法（二）（笔算）
	第四单元	表内乘法（一）
	第六单元	表内乘法（二）

续表

年　级	章　节	教　学　内　容
二年级下册	第二单元	表内除法（一）
	第四单元	表内除法（二）
	第五单元	混合运算
	第六单元	有余数的除法
三年级上册	第二单元	万以内的加法和减法（一）
	第四单元	万以内的加法和减法（二）
	第六单元	多位数乘一位数
三年级下册	第二单元	除数是一位数的除法
	第四单元	两位数乘两位数
四年级上册	第四单元	三位数乘两位数
	第六单元	除数是两位数的除法
四年级下册	第一单元	四则运算
	第三单元	运算定律
	第六单元	小数的加法和减法
五年级上册	第一单元	小数乘法
	第三单元	小数除法
五年级下册	第六单元	分数的加法和减法
六年级上册	第一单元	分数乘法
	第三单元	分数除法

数的运算是数与代数中占篇幅最大的部分，占据了整个小学数学总课时的一半以上。人教版教材内容的编排按照知识的先后顺序螺旋上升，具体安排上先学加减法，然后学乘法，再到除法，最后到四则运算；教学内容上先学习整数，在第一学段初步认识小数和分数，在第二学段再系统学习小数和分数的运算。加、减、乘、除之间有着相互的联系，整数、小数、分数之间有着相通的运算道理和运算法则。

学习新知识时,复习回顾已有的知识,并迁移到新知识中来是学习的一个重要方法。

(四) 不同版本教材对比

苏教版小学数学教材教学内容和人教版大体相同,在小学阶段完成整数、小数、分数的加、减、乘、除四则运算(表3.30):"数的运算"内容分散安排在11册教材中,六年级下册没有设置单独的"数的运算"单元。具体的安排上,苏教版教材注重加减法成对出现,乘除法成对出现,比如苏教版二年级上册第三单元学习"表内乘法(一)",第四单元紧接着学习"表内除法(二)",而人教版教材是分别安排在二年级上册和二年级下册;苏教版三年级上册第一单元学习"两位数乘一位数",第四单元紧接着学习"两、三位数除以一位数",而人教版教材是分别安排在三年级上册和三年级下册。苏教版五年级上册第五单元把"小数乘法和除法"安排在同一个单元,而人教版则是分散在两个单元进行学习。

表3.30 苏教版教材中"数的运算"内容的分布和安排

年 级	章 节	教 学 内 容
一年级上册	第八单元	10以内的加法和减法
	第十单元	20以内进位加法
一年级下册	第一单元	20以内退位减法
	第四单元	100以内的加法和减法(一)
	第六单元	100以内的加法和减法(二)
二年级上册	第一单元	100以内的加法和减法(三)
	第三单元	表内乘法(一)
	第四单元	表内除法(一)
	第六单元	表内乘法和表内除法(二)
二年级下册	第一单元	有余数的除法
	第六单元	二、三位数的加法和减法
三年级上册	第一单元	两、三位数乘一位数
	第四单元	两、三位数除以一位数

续表

年　级	章　节	教　学　内　容
三年级下册	第一单元	两位数乘两位数
	第四单元	混合运算
四年级上册	第二单元	两、三位数除以两位数
	第七单元	整数四则混合运算
四年级下册	第三单元	三位数乘两位数
五年级上册	第四单元	小数加法和减法
	第五单元	小数乘法和除法
五年级下册	第五单元	分数加法和减法
六年级上册	第二单元	分数乘法
	第三单元	分数除法
	第五单元	分数四则混合运算

北师大版小学数学教材也是在 11 册教材中安排了整数、小数、分数的加、减、乘、除四则运算(表 3.31)。北师大版教材内容的设置比较独特,单元标题只出现"加与减""乘与除"这样的字眼,不出现具体的学习内容,一方面突出生活化教学,比如设置"乘车问题""购物问题"等,都是解决生活中的实际问题;另一方面突出活动化教学,让学生在"认一认""说一说""做一做""数一数""比一比""摆一摆"等丰富的活动中体验和学习数学。

表 3.31　北师大版教材中"数的运算"内容的分布和安排

年　级	章　节	教　学　内　容
一年级上册	第三单元	加与减(一)(10 以内加减法)
	第七单元	加与减(二)(20 以内进位加法)
一年级下册	第一单元	加与减(一)(20 以内退位减法)
	第五单元	加与减(二)(100 以内加减法)
二年级上册	第一单元	加与减(100 以内两步计算)
	第五单元	2~5 的乘法口诀

续表

年级	章节	教学内容
二年级上册	第八单元	6~9的乘法口诀
	第九单元	除法（表内除法）
二年级下册	第一单元	除法（有余数的除法）
	第五单元	加与减（千以内的加减法）
三年级上册	第一单元	混合运算
	第三单元	加与减（千以内两步计算）
	第四单元	乘与除（整十、整百、整千数的乘除法、两位数乘一位数、除数是一位数的除法口算）
	第六单元	乘法（两位数乘一位数笔算）
三年级下册	第一单元	除法（除数是一位数的除法笔算）
	第三单元	两位数乘两位数
四年级上册	第三单元	乘法（三位数乘两位数）
	第四单元	运算律
	第六单元	除法（除数是两位数）
四年级下册	第一单元	小数的意义和加减法
	第三单元	小数乘法
五年级上册	第一单元	小数除法
五年级下册	第一单元	分数加减法
	第三单元	分数乘法
	第五单元	分数除法
六年级上册	第二单元	分数混合运算

对比现行几种教材，人教版是使用最普遍的教材，苏教版和北师大版教材使用也比较广泛。除了这三个版本，还有一些区域性教材，如主要在河北地区使用的冀教版，主要在山东地区使用的青岛版，主要在浙江地区使用的浙教版，集中在上海地区使用的沪教版，集中在重庆周边使用的西师大版。人教版教材"数的运算"的编写体系比较严谨，知识点处理比较透彻，但是课时较多。苏教版适当采用小步走策略，加强数的运算编排的科学性和可教性；北师大版注重生活化和活动化，但是

"数的运算"编排跨度大,跳跃性比较强。

吴文俊取各教材之优点,根据大单元学习理念,"算理"作为计算过程背后的道理,是"数与运算"部分教学的重要组成部分,同时"算理理解"也是小学计算教学中所要实现的重要目标。有效的"算理"教学不仅能够使学生在理解的基础上掌握计算方法,提升计算技能,同时在探究算理,理解算理的过程中还能培养学生的推理与抽象概括能力,促进学生逻辑思维能力的发展,对于学生新情境下的数学学习,具有持久的可迁移的应用价值。

三、学情分析

小学生正处于以形象思维为主的阶段,注意力维持的时间还不够长。在学习数的运算的过程中,经常会出现计算错误。这些错误可以分成两大类:一类是"粗心"导致的错误。这个"粗心"大多是感知情感、注意、思维、记忆等心理原因造成;另一类是由于知识方面的欠缺,概念不明,算理不清、算法不熟练等。因此,在运算教学中要注意提醒学生正确利用已学法则中的已有知识。在小学生进行一种运算练习的初期,保证运算正确性是靠明确意识到整个运算法则的,不仅要意识到算什么、怎么算,还要意识到为何这样算。对于小学生来说,从运算法则到运算技能的转化还要经历一个过程,这是要经过多次合理的练习来实现的。

四、单元规划

(一)单元名称

数的运算。

(二)单元教学目标

① 学生根据已有的知识,在具体的教学情境中自主探索,理解加法、减法、乘法、除法四则运算的算理和算法。

② 体会加法是特殊的减法,除法是特殊的减法,加法与减法、乘法与除法的互逆关系,让学生清楚的了解"数的运算"知识网络,从整体上把握学习内容。

③ 让学生在自主探索中体验猜想、验证、比较、归纳、转化等数学思想方法。

单元重难点:

重点:在理解算理的基础上掌握算法。在具体运算和解决实际问题的过程中,提高学生解决实际问题的能力。

难点:结合具体情境,理解四则运算的意义和算理。培养学生数学思想方法的理解和运用。

(三)单元总体规划

以"算理理解"为核心的计算教学,可以沟通"数与运算"各板块之间的联系。吴文俊对于人教版教材的"数与运算"单元按照四则运算进行了重新整合和安排,对每个课时的思考和设计以及对教学重点的确定都考虑到了与整个"数与运算"知识体系之间的关联性,让学生可以利用已有知识学习新知识,能大大提高学生的学习效率(表 3.32、表 3.33)。

表 3.32 "数的运算"加减法内容大单元重构前后对照情况

常规教材中的内容安排	调整后以"算理"为主线的单元内容结构安排
一年级上册第三单元"1~5 的加减法"	10 以内的加法
一年级上册第五单元"6~10 的加减法"	10 以内的减法
一年级上册第八单元"20 以内的进位加法"	20 以内的进位加法
一年级下册第二单元"20 以内的退位减法"	20 以内的退位减法
一年级下册第六单元"100 以内的加法和减法(口算)"	100 以内的加法(含口算和笔算)
二年级上册第二单元"100 以内加法(二)(笔算)"	100 以内的减法
三年级上册第二单元"万以内的加法和减法(一)"	万以内的加减法
三年级上册第四单元"万以内的加法和减法(二)"	小数的加减法
四年级下册第六单元"小数的加法和减法"	分数的加减法
五年级下册第六单元"分数的加法和减法"	整理与复习(思维导图整理加减法之间的关系)

表3.33 "数的运算"乘除法内容大单元重构前后对照情况

常规教材中的内容安排	调整后以"算理"为主线的单元内容结构安排
二年级上册第四单元"表内乘法(一)"	表内乘法(一)
二年级上册第六单元"表内乘法(二)"	表内乘法(二)
二年级下册第二单元"表内除法(一)"	表内除法(一)
二年级下册第四单元"表内除法(二)"	表内除法(二)
二年级下册第六单元"有余数的除法"	有余数的除法
三年级上册第六单元"多位数乘一位数"	多位数乘一位数
三年级下册第二单元"除数是一位数的除法"	两位数乘两位数
三年级下册第四单元"两位数乘两位数"	多位数乘多位数(拓展课)
四年级上册第四单元"三位数乘两位数"	除数是一位数、两位数的除法
四年级上册第六单元"除数是两位数的除法"	四则运算
四年级下册第一单元"四则运算"	小数乘法
五年级上册第一单元"小数乘法"	小数除法
五年级上册第三单元"小数除法"	分数乘法
六年级上册第一单元"分数乘法"	分数除法
六年级上册第三单元"分数除法"	整理与复习(思维导图整理四则运算之间的关系)

(四)单元教学规划

1. 加减法部分

加减法部分教学规划见表3.34。

2. 乘法部分

乘法部分教学规划见表3.35。

3. 除法部分

除法部分教学规划见表3.36。

"数的运算"大单元教学设计案例将在第十七节到第二十一节展示。

表 3.34 "数的运算"加减法部分大单元教学规划

第一课 建构课（一）

课时	
教学目标	1. 理解"凑十法"的思维过程，掌握 9 加几的进位加法方法，并能正确计算； 2. 在教师的指导下，学生学习初步学习抽象、概括、推理的方法，学会有个性地进行学习； 3. 在探索中，使学生感受数学与日常生活的密切联系，体验学数学、用数学的兴趣
教学内容	"9 加几"
教学活动	1. 算一算： 10 + 5； 10 + 8； 10 + 6； 10 + 2； 9 + 1 + 2； 9 + 1 + 5； 9 + 1 + 3。 2. 说一说： （1）你发现了什么数学信息？要解决什么问题？ （2）9 + 4 等于多少？你是怎么知道的？ 3. 摆一摆： 请小老师边摆边说"凑十法"。 4. 算一算： 教师板书"凑十法"的计算过程。 5. 练一练： （1）说一说怎么用"凑十法"来计算 9 + 6；

第三章 数与代数大单元教学案例:"比与比例"和"数的运算"　153

续表

教学活动	(2) "9加几"计算大比拼; (3) 观察"9加几"的算式,你发现了什么?
教学资源	小棒、练习卡
课时	第二课　建构课(二)
教学目标	1. 让学生通过生活中的活动发现数学问题,在解决数学问题的过程中通过学习"十几减9"的多种计算方法,理解其中的算法和算理。 2. 让学生通过独立思考、小组合作、全班交流,知道"十几减9"的计算方法是多样的,在多种方法中,选择自己喜欢的方法; 3. 培养学生初步探究意识,能够独立思考解决数学问题的能力以及学生之间合作交流的意识
教学内容	"十几减9"
教学活动	1. 说一说: 你找到哪些数学信息? 2. 试一试: 自主尝试计算"15-9"。 3. 说一说: 和同伴说一说你的想法。 4. 学生汇报 (1) 数出来的方法; (2) "平十法"连减; (3) "破十法"。 5. 摆一摆: 学生上台操作,教师再用课件直观演示,重点理解"破十法"算法和算理。

续表

教学活动	6. 练一练： (1) 圈一圈，算一算； (2) 摆一摆，算一算； (3) 用你喜欢的方法直接计算
教学资源	15个小圆片，练习卡，课件
课时	第三课 建构课（三）
教学目标	1. 让学生经历小组合作、自主探充、寻找算法、解决问题的过程，能够正确口算两位数加减两位数，体验算法多样化； 2. 培养学生独立思考与主动探索的精神以及与同学积极合作的意识，增强学生的类推能力，提高学生思维的灵活性； 3. 让学生体验数学与生活的紧密联系
教学内容	"两位数加减两位数的口算"
教学活动	1. 说一说： 一年级一共要买多少张车票？ 学生列出算式"35＋34＝"。 2. 算一算： 计算以上算式。 3. 说一说： 学生汇报，交流算法、算理。 方法一： 先算35＋30＝65，再算65＋4＝69。 方法二： 先算30＋30＝60，再算5＋4＝9，60＋9＝69。

续表

教学活动	4. 试一试： 出示"二年级一共要多少张车票?"学生自主探究，交流算理和算法。 5. 写一写。 6. 练一练： 出示例题及课堂探究单 (1) 学生说出口算思路； (2) 填一填
教学资源	
课时	第四课　提升课（一）
教学目标	1. 让学生自主探索小数加减法的计算方法，并能正确计算； 2. 体会小数加减法和整数加减法在算理上的联系，理解"小数点对齐"的道理； 3. 感受数学知识与生活的密切联系
教学内容	"小数的加减法"
教学活动	1. 说一说： 整数加减法的计算方法是什么？ 2. 说一说： 我们在哪见到过小数？ 学生列举生活中见到的小数。 3. 说一说： 根据信息提数学问题： (1) 两本书一共多少钱？ (2) 两本书相差多少钱？

续表

教学活动	4. 算一算： (1) 6.45 + 4.29 = ? (2) 6.45 - 4.29 = ? 5. 估一估： 大约共要多少钱？大约相差多少钱？ 6. 算一算： 先独立算，再在小组内交流一下计算方法和理由。 7. 说一说： 交流整数加减法和小数加减法的异同点。 8. 理一理： 原来整数加减法中末位对齐的背后，小数点也是对齐的，算理是相通的
教学资源	练习卡
课时	第五课 提升课（二）
教学目标	1. 使学生经历探索异分母分数加减法计算方法的过程； 2. 使学生在联系已有的知识经验探索异分母分数加减法计算方法的过程中，感受数学"转化"的思想； 3. 使学生在学习活动中，体验成功学习的乐趣，增强学好数学的信心。
教学内容	"异分母分数的加减法"
教学活动	1. 算一算： $$\frac{3}{10} + \frac{1}{4} = \frac{4}{14} = \frac{2}{7}$$ 这样算对吗？应该怎样算？ (1) 4/5 - 2/5 = ?

续表

教学活动	(2) $\frac{3}{4} - \frac{1}{4} = ?$ (3) $\frac{2}{7} + \frac{3}{7} = ?$ (4) $\frac{8}{9} + \frac{2}{9} = ?$ 2. 读一读： 纸张和废金属等是垃圾回收的主要对象，它们在生活垃圾中共占几分之几？ 3. 算一算： 要求"一共占几分之几？"可以怎样列式？结果是多少？ 4. 辨一辨： 你有什么想法？ 5. 想一想： 为什么只有相同的分数单位才能相加？ 6. 算一算： 异分母分数减法。 7. 说一说： 归纳异分母分数加减法的计算方法。 8. 理一理： 师：比较整数、小数加减法，分数加减法，有什么共同之处？
教学资源	练习卡、课件

表 3.35 "数的运算"乘法部分大单元教学规划

课时	第一课　建构课（一）
教学目标	1. 利用"点子图"，理解两位数乘两位数笔算的算理、掌握其算法，能正确计算并解决一些实际问题，养成规范书写的习惯，培养估算意识； 2. 经历两位数乘两位数计算方法多样化的过程，在比较分析中优化算法，培养学生将新知转化为旧知解决问题的能力； 3. 学生在自主探究解决问题的过程中，体验成功的喜悦，经历数学历史文化的魅力。
教学内容	"两位数乘两位数"
教学活动	1. 圈一圈： 看到这个图，你能想到什么乘法算式？ 2. 估一估： 王老师去书店买书，买了12套，每套书有14本，她一共买了多少本书？ **课堂探究单** 王老师去书店买书，买了12套，每套书有14本，她一共买了多少本书？ 1. 独立思考，可以借助"点子图"，把想法写下来。 2. 小组内交流自己的想法。 3. 每组推选一位发言人进行汇报。 3. 说一说： 大家分的方式虽然各不相同，但是它们有一个共同的特点，你发现了吗？

续表

教学活动	4. 试一试： 14×12 的竖式该怎么写呢？第一步怎么写？另外两步又该怎么写呢？ 5. 写一写： 出示简化竖式。 6. 理一理： 怎么计算两位数乘两位数？如果要计算三位数乘两位数可不可以用这个方法？
教学资源	点子图、练习卡
课时	第二课　提升课（一）
教学目标	1. 能正确进行小数乘小数的笔算，解决简单的实际问题。 2. 探索、归纳小数乘小数的计算方法，培养学生迁移、抽象、概括等能力。 3. 引导学生进一步体会数学知识之间的内在联系，在合作中增强学好数学的信心，并能对计算过程中的算理作出合理的解释。
教学内容	"小数乘小数"
教学活动	1. 算一算： （1）3×2=？ （2）30×2=？ （3）30×20=？ 2. 说一说： 观察这组算式，你想到了什么？ 你发现了哪些数学信息？ 你能列出算式吗？ （2.4×0.8）

续表

教学活动	3. 试一试： 你能解释下你的计算过程吗？ 4. 说一说： 学生汇报，交流算理。 5. 说一说： 想要得到原来的积，我们应该怎么办？ 6. 做一做： (1) 6.7×0.3=？ (2) 1.07×5.4=？ (3) 12.8×42=？ 7. 说一说： 谁来总结一下小数乘小数的计算方法？ 小数乘整数和小数乘小数的计算有哪些共同点？小数乘法应该怎样计算呢？
教学资源	练习卡
课时	第三课 提升课（二）
教学目标	1. 理解分数乘整数的算理，并能熟练地进行分数乘整数的计算； 2. 在分析、讨论过程中，提高学生运用旧知学习新知的能力； 3. 培养数学科学研究的思维习惯，体验数学与实际生活的紧密联系
教学内容	"分数乘整数"
教学活动	1. 读一读： 小新和爸爸、妈妈一起吃一个蛋糕，每人吃了2/9个，3个人一共吃了多少？

续表

教学活动	2. 说一说：$\frac{2}{9}$ 的分数单位是什么？有几个这样的分数单位？ 3. 算一算： $\frac{2}{9} \times 3 = ?$ 小结：求几个相同加数的和可以用乘法． 4. 想一想： 你是如何得到 $\frac{2}{3}$ 的？ (1) $\frac{2}{9} + \frac{2}{9} + \frac{2}{9} = \frac{6}{9} = \frac{2}{3}$（个）； (2) $\frac{2}{9} \times 3 = \frac{6}{9} = \frac{2}{3}$（个）。 为什么分子乘3就可以了，而分母不变呢？你能结合图说说理由吗？ 5. 理一理： 整数乘法 $20 \times 3 = 60$； 小数乘法 $0.2 \times 3 = 0.6$； 分数乘法 $\frac{2}{9} \times 3 = \frac{6}{9}$。 观察分数乘法和小数乘法、整数乘法有什么共同的地方？ 总结：计算分数乘法和小数乘法、整数乘法，都是计算有几个这样的计数单位
教学资源	练习卡

表3.36 "算的运算"除法部分大单元教学规划

第一课 建构课(一)

课时	
教学目标	1. 掌握除数是一位数的笔算方法和书写格式,理解算理并能正确地进行笔算; 2. 通过动手操作,探索和思考"除数是一位数"的笔算方法的形成过程,感受除法竖式的必要性,渗透数形结合的思想; 3. 通过"建构、解构、重构",感受数学魅力,激发学习兴趣
教学内容	"除数是一位数的除法"
教学活动	1. 说一说: 从图中你发现了哪些信息? 2. 想一想: 把42根小树苗平均分给2个班,你会分吗? 3. 说一说: 小组汇报: (1) 先分十位; (2) 先分个位。 4. 理一理: 分小棒时,有两种分法,可以先从十位分,也可以从个位分。 5. 算一算: 52÷2=? 方法一:先分十位; 方法二:先分个位。 如果再分该怎么记录呢?

续表

项目	内容
教学活动	6. 理一理：从个位开始分会比较麻烦，所以我们应该先分十位，再分个位（总结笔算方法）
教学资源	小棒、课堂探究单
课时	第二课　提升课
教学目标	1. 理解除数是小数的除法的算理； 2. 掌握一个数除以小数的计算方法，并能正确计算； 3. 在自主探索、合作交流的过程中培养学生的分析、转化及归纳的能力
教学内容	"一个数除以小数"
教学活动	1. 算一算： (1) 15.6÷12＝？ (2) 0.646÷19＝？ 2. 说一说：图中有哪些信息？提出了什么数学问题？ 3. 说一说：学生汇报： (1) 单位转换： 7.65 m＝765 cm 0.85 m＝85 cm 765÷85＝9(个) (2) 商不变性质： 7.65÷0.85＝765÷85＝9(个) (3) 从小数的意义去考虑。

续表

教学活动	4. 算一算： 学生自主尝试竖式。 5. 比一比： 今天学的和上节课学的相比，有什么不同？ 6. 算一算。 12.6÷0.28＝？ 为什么要在被除数后面添0？ 7. 理一理。 除数是小数的除法，可以根据商不变性质，转化成除数是整数的除法 （一看二移三算）
教学资源	练习卡

第三课 建构课（二）

课时	"一个数除以分数"
教学目标	1. 让学生在具体的问题情境中，探索一个数除以分数的计算方法，完善并掌握分数除法的计算方法，并能正确计算。 2. 在探索一个数除以分数的计算方法的过程中，让学生掌握数形结合、迁移类推、转化等基本数学思想，体会数学思想的美妙与魅力，发展学生的数学思维
教学内容	"一个数除以分数"
教学活动	1. 说一说： 小明 2/3 小时走了 2 km，平均每小时走多少千米？ 2. 说一说： 列式根据什么数量关系。 3. 画一画： 2÷(2/3) 如何计算呢？让我们画出线段图。

续表

教学活动	自主探究 4. 说一说： 小组汇报 先求 1/3 小时走了多少千米，也就是求 2 的 1/2，算式为： 2×1/2 再求 3 个 1/3 小时走了多少千米，算式为： 2×(1/2)×3 5. 说一说。 观察：除法转化成了什么运算。 6. 说一说： 小结：整数除以分数等于用整数乘这个分数的倒数。 7. 试一试： 尝试计算 5/6÷5/12。 8. 理一理： (1) 4/5÷2=？ (2) 2÷2/3=？ (3) 5/6÷5/12=？ 你发现了什么规律？ 小结：除以一个不等于 0 的数等于乘这个数的倒数
教学资源	练习卡，课中探究单

第十七节 "数的运算"(加减法)
第一课"建构课(一)"

第一课 建构课(一)

(本节课内容依据人民教育出版社义务教育教科书《数学》一年级上册第八单元设计)

课时内容:

"9 加几"。

教学目标:

1. 让学生知道用"凑十法"来计算 9 加几比较简便,学会用"凑十法"来计算 9 加几的进位加法,能正确计算 9 加几的进位加法。

2. 在探索"9 加几"的进位加法的过程中初步渗透转化为"10 加几"的转化思想,培养动手操作能力和初步的提出问题、解决问题的能力。

3. 体验数学与生活的联系,培养仔细观察的习惯。

教学重难点:

重点:渗透转化思想,应用"凑十法",正确计算 9 加几的进位加法。

难点:"凑十法"的思考过程。

教学关键:

把"9 加几"转化成"10 加几"。

教学准备:

教具:课件、小棒。

学具:小棒 20 根。

教学过程:

(一)创设情境,激趣启思

活动一:看谁算得快。

10 + 1 = ;

10 + 2 = ;

10 + 3 = ;

$10+4=$ ；

$10+5=$ ；

$10+6=$ ；

$10+7=$ ；

$10+8=$ ；

$10+9=$ 。

关键问题：你们为什么算这么快？

活动二：看谁算得巧。

$9+2+1=$ ；

$5+3+7=$ ；

$8+4+2=$ ；

$6+5+4=$ ；

$3+2+8=$ ；

$5+6+5=$ ；

$7+1+3=$ ；

$1+8+9=$ 。

（二）自主参与，探索新知

活动三：探究 $9+4$ 算法。

关键问题：怎么计算 $9+4$？

预设生1：$1,2,3,\cdots,12,13$ 依次数。

预设生2：从9数到13。

预设生3：先拿1盒放到箱子里，再算 $10+3=13$。

预设生4：先将9看成10，$10+4=14$，$9+4=13$。

关键问题（指生3的方法）：你能用小棒摆一摆刚才的过程吗？

示范：左边摆9根，右边摆4根，拿1根过来，这就是1个10，这边3根，合起来13根。

活动四：类推算法。

关键问题：如何用凑十法计算 $9+7$？$9+5$ 呢？$9+6$ 呢？

活动五：归纳算法。

黑板呈现算式：$9+2,9+3,9+4,\cdots,9+9$

关键问题：这几个算式有什么相同的地方？

计算时，方法上有没有相同的地方？

归纳总结:计算9加几的加法,见9想1凑成10,把另一个加数分解成1和几,用10加剩下的几就是十几,也就是将9加几转化成好算的10加几,这就是数学中的转化思想,运用转化思想可以帮助我们解决很多新问题。

(三) 巩固练习

1. 摆一摆、算一算

出示图3.22。

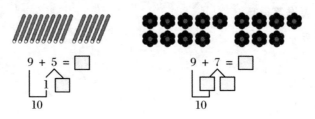

图 3.22

关键问题:你是怎么想的?

2. 出示题组练习

9+1+2=	9+1+5=	9+1+8=
9+3=	9+6=	9+9=

关键问题:看到这些题,你想说什么?

小结:其实上一行的算式就是凑十法的心算过程。

3. 出示"4+9"

关键问题:你会计算"4+9"吗?

(四) 全课小结

小结:今天我们学习了什么知识?你学会了什么?

过关清单

基础性练习

1. 圈一圈、算一算(图3.23)。

图 3.23

2. 猜猜图 3.24 方框里是几?

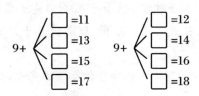

图 3.24

发展性练习

看图 3.25 列式计算(我能列出几种不同的算式)。

图 3.25

第十八节 "数的运算"(加减法)
第二课 "建构课(二)"

第二课 建构课(二)

(本节课内容依据人民教育出版社义务教育教科书《数学》一年级下册第二单元设计)

课时内容:

"十几减 9"。

教学目标：

1. 使学生知道可以用多种方法计算十几减9，能正确计算十几减9的问题。

2. 通过动手操作、独立思考与分析，理解计算十几减9的算理，掌握计算方法。

3. 使学生具有初步的探究意识和合作交流的意识，体会成功的愉悦。

教学重难点：

重点：用"破十法"计算十几减9的算理与计算方法，并能正确计算。

难点：理解"破十法"的算理并能够正确运用。

教具准备：

课件、圆片、小棒。

教学过程：

（一）创设情境，激趣引疑

活动一：看谁算得又对又快。

8＋9＝　　　　9－8＝　　　　10＋4＝　　　　15－3＝

16－4＝　　　17－7＝　　　9＋(　　)＝12　　15－4＝

关键问题：你是怎么计算"15－4"的？

小结：把15分成10和5，5减4等于1，10加1等于11。

（二）操作探索，学习新知

活动二：提取图中的数学信息。

出示图3.26：小丑叔叔有15个气球，卖了9个，还剩几个？

图 3.26

关键问题：该如何列式呢？

活动三:探究算法,理解算理。

关键问题:15-9该如何计算?

活动四:用小棒摆一摆。

活动五:说一说你的算法。

预设生1:数数。一根一根地数,拿走9根,还剩下6根。

预设生2:15-5-4=6(连减)。

关键问题:这种方法是怎么拿走9根的?

为什么把9分成-5-4? 不分成-2-7?

预设生3:9+(6)=15 15-9=6(想加算减)。

预设生4:10-9=1 1+5=6(破十法)。

活动六:优化算法、突出"破十法"的算理。

关键问题:最后这一种方法是什么意思?

课件演示:出示图3.27。

图3.27

活动七:回顾整理、掌握算法。

关键问题:请同学们自己试着用小棒或圆片摆一摆,看看用刚才的方法怎么计算13-9=?

关键问题:不动手摆了,同学们能说说怎样计算18-9、17-9的吗?

关键问题:观察这些算式,它们有什么共同的特点?

小结:都是把十几分成10和几,先算"10-9",这种方法叫作"破十法"。

(三)专项练习,内化方法

1. 摆一摆、算一算

11-9=   16-9=

2. 圈一圈、算一算

根据图3.28圈一圈,算一算。

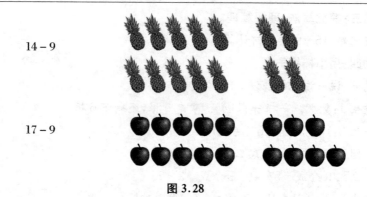

图 3.28

关键问题:为什么要这样圈?

3. 想一想、算一算

用你喜欢的方法算:

13 - 9 =　　　　12 - 9 =　　　　19 - 9 =　　　　18 - 9 =

讨论:"19 - 9"的计算方法与其他3道题一样吗?

小结:"19 - 9"可以先算"9 - 9 = 0",而其他3道题,被减数个位上的数不够减,要用十位帮忙,先算"10 - 9"。

(四)回顾整理,质疑问难

小结:回顾今天的学习过程,哪个环节给你的印象最深?你最喜欢哪种计算"十几减9"的方法?课后找一找生活中还有哪些问题可以用"十几减9"来解决?

过关清单

基础性练习

算一算、填一填

(1) 填一填表3.37,各班分别有多少个球?

表 3.37

	⚽	🏀
一班有	6个	9个
二班有	9个	( )个
一共有	( )个	15个

(2) 填一填表3.38,有多少个水果?

表 3.38

原来有	13个	( )个
吃了	9个	7个
还剩	( )个	9个

发展性练习

算一算、想一想

(1) 你能快速计算吗?

11 - 9 =　　12 - 9 =　　13 - 9 =　　14 - 9 =

15 - 9 =　　16 - 9 =　　17 - 9 =　　18 - 9 =

(2) 仔细观察这些算式,得数和十几的个位上的数比较,你有什么发现?

(3) 你知道这是为什么?

第十九节　"数的运算"(乘法)
第一课"建构课(一)"

第一课　建 构 课（一）

(本节课内容依据人民教育出版社义务教育教科书《数学》三年级下册第四单元设计)

课时内容:

两位数乘两位数。

教学目标:

1. 经历从"点子图"到"笔算"的抽象过程,学会用笔算来解决乘法问题;

2. 在实际活动中,掌握乘法算理,感悟乘法的特征,发展数形结合思想;

3. 在探索算法和解决问题的过程中,感受数学与生活的联系,增强自主探索的意识,提高合作交流的能力,获得成功的体验。

教学重难点:

重点:理解笔算乘法的算理,并能正确地进行计算。

难点:理解笔算算理,突出各部分积的实际意义。

教学准备:

点子图、课件、探究单。

教学过程:

(一) 初看点子图,寻找乘法

活动一:看到图3.29,你能想到什么乘法算式?

图3.29 活动一图

(二) 情境探究,理解算理

1. 出示情境,导入新课出示例题:

王老师去书店买书,买了12套,每套书有14本,她一共买了多少本书?

活动二:你能列出算式吗?和以前的计算有什么不同?

活动三:你能先估一估可能是多少本书吗?

2. 巧分点子图,探索算理

活动四:能否用学过的知识来探究这个问题呢?

课堂探究单

王老师去书店买书,买了12套,每套书有14本,她一共买了多少本书?

1. 独立思考,可以借助"点子图"(图3.30),把想法写下来。
2. 小组内交流自己的想法。
3. 每组推选一位发言人进行汇报。

分一分：

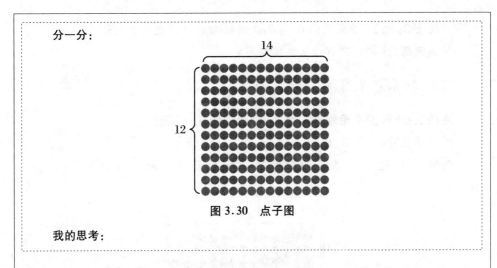

图 3.30 点子图

我的思考：

预设生 1：把 12 拆成 10 和 2，转化成两位数乘整十数和两位数乘一位数，再进行计算（图 3.31）。

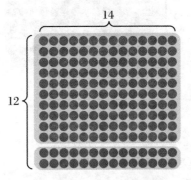

图 3.31 预设生 1 算法

预设生 2：把 14 拆成 10 和 4，转化成两位数乘整十数和两位数乘一位数，再进行计算（图 3.32）。

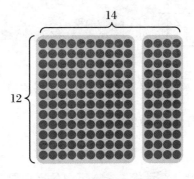

图 3.32 预设生 2 算法

预设生3:把12拆成6和6,转化成两位数乘一位数的连乘计算。

关键问题:这些算法有什么共同特点?

（三）联系点子图,引入竖式

活动五:还有的小组想到用竖式,怎么列竖式计算呢?

展示学生作品(图3.33)。

关键问题:这时的点子图你觉得是和上面哪位同学画的点子图是一样的?

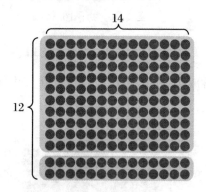

图 3.33　学生作品展示

小组间提问:

(1) 140 表示什么意思? 它是怎么得到的?

(2) 28 表示什么意思? 它是怎么得到的?

(3) 168 表示什么意思? 它是怎么得到的?

活动六:这个竖式和口算、点子图有什么联系? 请你圈一圈。

$$
\begin{array}{r}
14 \\
\times\ 12 \\
\hline
28 \\
140 \\
\hline
168
\end{array}
$$
　…　14×2的积
　…　14×10的积　(个位的0不写)

讨论:根据图3.33,4 为什么写在十位? 1 为什么在百位?

三、巩固练习,内化新知

1. 圈一圈、算一算

讨论:怎样拆分更好算? 请将算法在下面的点子图(图3.34)中表示出来。

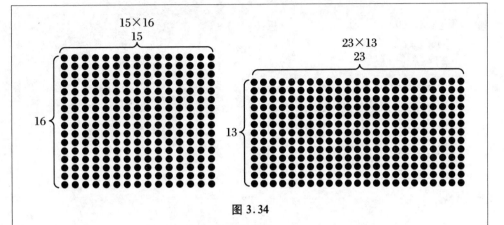

图 3.34

2. 用自己喜欢的方法算一算

(1) $21 \times 13 =$ (2) $33 \times 31 =$

3. 用一用

(1) 一个篮球 24 元,学校买了 22 个,你能列出竖式吗?

(2) 如果用上面的第三个竖式计算总价,你知道竖式中每一步表示什么吗?

(五)课堂评价,反思回顾

小结:今天我们学习了什么?我们是怎么学习的?

关键问题:利用什么方式来进行转化?先分后合?

课后拓展:两位数乘一位数、两位数乘两位数的乘法计算都可以用先分后合的方法,假如接下来如果要计算三位数乘两位数可不可用这个方法?

想：24×10=(　　)　　　　想：(　　)×(　　)=(　　)
24×2=(　　)　　　　　　(　　)×(　　)=(　　)
(　　)+(　　)=(　　)　　(　　)+(　　)=(　　)

发展性练习

1. 算一算,你发现了什么?

(1) 42×11=　　　　(2) 31×11=　　　　(3) 17×11=

我的发现：

2. 试一试、算一算。

$$\begin{array}{r} 1\,3\,7 \\ \times\quad 4\,8 \\ \hline \end{array}$$

第二十节　"数的运算"(除法)
第二课"提升课"

第二课　提　升　课

(本节课内容依据人民教育出版社义务教育教科书《数学》五年级上册第三单元设计)

课时内容：

一个数除以小数。

教学目标：

1. 引导学生运用商不变规律自主探索、理解除数是小数的除法的算理；初步掌握除数是小数的除法的计算方法,并能正确计算；

2. 使学生经历将一个数除以小数转化为一个数除以整数的过程,体会转化的方法是学习新知的工具；

3. 体验所学知识与现实生活的联系,能应用所学知识解决生活中的简单问题,从中获得价值体验。

教学重难点：

重点：利用商不变性质，把除数是小数的除法转化成除数是整数的除法。

难点：把除数是小数的除法转化成除数是整数的除法时，正确地移动被除数的小数点。

教学准备：

课件、练习卡。

教学过程：

(一) 铺垫新知，引入新课

活动一：利用商不变的性质填空。

(1) $7.53 \div 0.3 = ($ $) \div 3$；

(2) $300.3 \div 1.43 = ($ $) \div 143$。

关键问题：说说你是怎样想的？

(二) 创设情境，自主探究

1. 学习新知，探究算法

出示课本第28页例4。

活动二：怎样转化成已经学过的除数是整数的除法？请把计算的过程写下来。

预设生1：7.65 m = 765 cm； 0.85 m = 85 cm； $765 \div 85 = 9$(个)。

预设生2：$7.65 \div 0.85 = (7.65 \times 100) \div (0.85 \times 100) = 765 \div 85 = 9$(个)。

预设生3：列竖式计算。

2. 明确算理，规范竖式

关键问题：你喜欢哪种方法？第二种方法是怎样转化的？

活动三：学生板演竖式计算过程。

3. 尝试练习，巩固知识

出示课本做一做：

  $2.6 \overline{)62.4}$ $0.34 \overline{)2.38}$ $0.16 \overline{)0.544}$

活动四：学生尝试计算。

关键问题：上面各题除数和被除数同时扩大到原来的多少倍？看哪个数确定？

讨论：怎样移动小数点？

(三) 运用经验，自主尝试

出示课本第29页例5：$12.6 \div 0.28$。

讨论:根据刚才的研究成果,先要做什么?被除数位数不够怎么办?
活动五:学生板演,暴露错误。

(四)梳理过程,归纳算法

出示下列问题:
(1) 先移动除数的小数点,使它变成_____;
(2) 除数的小数点向右移动几位,_____的小数点也向右移动几位(位数不够的,在被除数的末尾用_____补足);
(3) 然后按除数是整数的小数除法进行计算。
活动六:小组交流,全班汇报。
活动七:师生共同总结除数是小数的除法计算方法。
总结:一看、二移、三计算。

(五)巩固练习,感悟思想

1. 填一填

把下面的算式转化成除数是整数的除法算式。

4.68÷1.2=(　　)÷12　　　　2.38÷0.34=(　　)÷(　　)
5.2÷0.32=(　　)÷32　　　　161÷0.46=(　　)÷(　　)

2. 算一算

2.19÷0.3=　　51.3÷0.27=　　5.88÷0.56=　　26÷0.13=

3. 改一改

$$
\begin{array}{r}
8\\
1.8\overline{)1.44}\\
1\,44\\
\hline
0
\end{array}
\qquad
\begin{array}{r}
4.5\\
2.6\overline{)11.7}\\
10\,4\\
\hline
1\,30\\
1\,30\\
\hline
0
\end{array}
\qquad
\begin{array}{r}
1.4\\
3.2\overline{)4.48}\\
3\,20\\
\hline
1\,280\\
1\,280\\
\hline
0
\end{array}
$$

讨论:改正错误的过程中,你有什么发现?

(六)课堂小结,点明"转化"

讨论:本节课你有什么收获?怎么计算"一个数除以小数"?
小结:将新知识转化成已有知识(板书:转化),常常是解决数学问题的有效方法,今后的数学学习中,我们还会经常用到。

过关清单

基础性练习

填一填、理一理:

(1) 除数是小数的除法,先移动(　　)的小数点,使它变成(　　)数。除数的小数点向右移动几位,(　　)的小数点也向(　　)移动几位。位数不够的,在(　　)的末尾用(　　)补足,然后按除数是整数的除法计算。

(2) 把除数是小数的除法转化为除数是整数的除法的依据是什么?

(3) 我来举一个除数是小数除法计算的例子,说清转化的过程。

发展性练习

算一算、想一想:

(1) 先计算下面各题

$76.8 \div 2.4 =$　　　　$4.26 \div 2.6 =$　　　　$9.12 \div 1.2 =$

$76.8 \div 0.24 =$　　　$4.26 \div 0.26 =$　　　$9.12 \div 0.12 =$

(2) 哪几题的商大于被除数?哪几题的商小于被除数?你发现了什么规律?

第二十一节 "数的运算"(加减法) 第五课"提升课(二)"

第五课 提 升 课 (二)

(本节课内容依据人民教育出版社义务教育教科书《数学》五年级下册第六单元设计)

课时内容:

异分母分数的加减法。

教学目标:

(1) 理解异分母分数加减法必须先通分的道理,掌握异分母分数加减法的计算方法,能正确地进行计算。

(2) 引导学生经历提出问题、自主探究、得出算法、解决问题的过程,在其中渗透转化的数学思想,并进一步培养学生养成良好的验算习惯。

(3) 感受数学与生活的联系,激发学生学习兴趣,并在学习活动中获得积极的、成功的情感体验。

教学重难点:

重点:异分母分数加减法的计算方法。

难点:理解异分母分数加减法为什么先通分的道理。

教学准备:口算卡片、课件、练习卡。

教学过程:

(一) 复习旧知,导入新课

活动一: 出示同分母分数口算练习。

(1) $4/5 - 2/5 =$ (2) $3/4 - 1/4 =$

(3) $2/7 + 3/7 =$ (4) $8/9 + 2/9 =$

关键问题:说一说为什么计算同分母分数相加减法可以分母不变,只把分子相加减?

(二) 情境探究,感悟新知

1. 出示问题情境

活动二: 课件出示课本例1的垃圾分类图。

废金属和纸张等是垃圾回收的主要对象,它们在生活垃圾中共占几分之几?能用学过的知识解决吗?

2. 自主探究算法

活动三: $1/4 + 3/10$ 该怎样计算呢?

预设生1:分数转化为小数计算。

预设生2:利用画图或者折纸的方式方法计算。

预设生3:$1/4 + 3/10 = 4/14 = 2/7$。

预设生4:先通分把异分母分数转化成同分母分数后,再计算。

3. 明晰算理

活动四: 生3的方法对吗?为什么不能直接相加呢?

预设生:$3/10$ 和 $1/4$ 的分数单位不同,也不是我们以前学的整数加法,所以分子和分子、分母和分母不能直接相加。

根据课件图片(图3.35)再次理解。

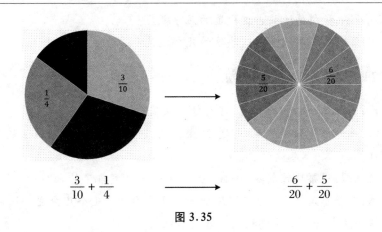

图 3.35

小结：1/4 和 3/10 因为分母不同，也就是分数单位不同，不能直接相加，同学们用通分的方法，把它们转化为分母相同的分数——5/20 和 6/20。这样分数单位就相同了，都是 1/20。你看表示 1/4 和 3/10 的两个图形都变成了由许多个大小一样的小扇形组成的图形，就可以直接相加了。

关键问题：危险垃圾多还是食品残渣多？它们的差占生活垃圾总量的几分之几？

4. 全课小结

（1）新知旧知对比

讨论：今天我们探究的这两个算式和之前学习的算式有什么区别？

（2）总结算法

讨论：我们计算异分母分数加减法的关键是什么？

（三）巩固练习，内化新知

（1）计算　　1/3 + 5/6 =　　　　　5/8 − 5/10 =

提醒：结果能约分的要约分成最简分数。

（2）如图 3.36 所示，在一块长方形菜地上，分别种上了莴苣、芹菜和白菜：

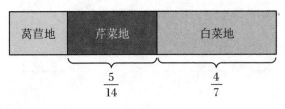

图 3.36

① 芹菜地和白菜地共占这块地的几分之几?
② 白菜地比芹菜地多占这块地的几分之几?

(四) 课堂评价,反思回顾

讨论:通过这一节课的学习,你有什么收获?

小结:异分母分数相加减,先通分,然后再按照同分母分数加减法的计算方法进行计算。

关键问题:观察比较整数、小数、分数加减法,你发现了什么?

小结:本质都是计算一共有"几个一""几个0.1""几个几分之一",也就是都在计算一共包含几个这样相同的计数单位。

过关清单

基础性练习

1. 计算下面各题,并说说为什么要这样算?

(1) $1/12 + 1/24$

(2) $4/9 - 1/12$

2. 植树节,希望小学买了一批树苗。种了一上午后,四年级种的树苗占全部树苗的 $1/12$,五年级种的树苗占全部树苗的 $1/4$,六年级种的树苗占全部树苗的 $3/8$。3个年级共种了多少?

发展性练习

计算下面各题,并说说你发现了什么?

(1) $1/2 + 1/3 =$
  $1/3 + 1/4 =$
  $1/4 + 1/5 =$
  $1/5 + 1/7 =$

(2) $1/2 - 1/3 =$
  $1/3 - 1/4 =$
  $1/4 - 1/5 =$
  $1/5 - 1/7 =$

我的发现:

(五) 综合性评价

依据表3.39对课程作出评价。

表 3.39 持续性评价题目

评 价 题 目	评价重点
9 + 7 = ☐ 分解为 ☐ 和 ☐，凑成 10	考查学生对于"凑十法"算理的理解
(1) 9+（　）=11　(2) 9+（　）=18　(3) 9+（　）=14 　　11-9=　　　　　　18-9=　　　　　　14-9=	考查学生对于"想加算减法"的理解和掌握程度
一个小数加上它的计数单位，和是 0.35，这个小数是（　　）	考查学生对于小数计数单位以及小数加法的掌握程度
一个分数，减去 5/7 后，是 1/4，这个分数是（　　）	学生对于异分母分数加减法的掌握程度如何？
6□×39≈2800，□中可以填（　　　）； ☆×48≈2500，□中可能是（　　　）（☆为两位数）	学生能否利用两位数乘两位数进行合适的估算？
根据第一栏的积直接写出下面各栏的积 | 因数 | 75 | 7.5 | 75 | 75 | 0.75 | 7.5 | | 因数 | 24 | 24 | 2.4 | 0.24 | 0.24 | 0.24 | | 积 | 1800 | | | | | |	学生对于小数乘法以及积的变化规律的理解和灵活应用能力如何？
一个正方形，它的边长是 2/7 m，它的周长是多少 m？	考查学生对于分数乘整数的理解和应用水平
21□÷5，要使计算结果没有余数，□中可以填（　　　　）	学生能否利用除数是一位数的除法来灵活解答？
甲、乙两数的和是 18.15，甲数的小数点向右移动一位正好等于乙数，你知道甲、乙两数各是多少吗？	学生能否发现甲、乙两数之间的关系？ 学生能否利用小数除法灵活解答？
用 5/8 吨玉米可制成淀粉 7/20 吨，照这样计算，1 吨玉米可以制成淀粉多少吨？制 1 吨淀粉需要多少吨玉米？	学生能否很好地区分这两个问题？谁除以谁？ 考查学生对于一个数除以分数的掌握和灵活应用情况

第四章 综合与实践大单元教学案例:"数学广角"

第一节 "数学广角"大单元教学设计

一、缘起

(一)学生学习存在的障碍

人教版教材旨在通过"数学广角"的设计,系统地引导学生感悟和理解数学思想方法,让学生积累数学活动经验,发展学生的思维、培养学生的创新能力,于是"数学广角"的内容与其他内容相比,思维含量明显较高。"数学广角"又不同于拔高性的奥数专题,它面向的是全体学生,这对部分思维能力较弱的学生来说是很大的挑战。学生学习困难主要表现在灵活运用上存在困难。

(二)教师教时的困惑和偏差

随着课改实验的深入进行,教师教学的困惑和偏差也随之而来,如教学目标定位失当,有的老师把这部分知识当作活动课来上,过度追求生活化与趣味性,只注重直观的操作,忽略了上升到抽象的过程;有的教师对教材理解不到位,只注重知识的传授,把这部分知识当作奥数来上,课堂上没有让学生充分经历知识的形成过程,使学生难以理解;有的教师过于关注解决问题的方法,数学思想方法的渗透不够;还有老师认为"数学广角"中数学思想方法的教学效果难以评价考查。

（三）知识之间的联系

"数学广角"中的内容并不是孤立的，其中对数学思想方法的渗透也不是一步到位的，而是逐步渗透、螺旋上升的。如"优化思想"在四年级上册"合理安排时间"单元中首次学习，在五年级下册"找次品"单元中再次强化；"推理思想"在二年级下册"推理"单元中专门学习，在五年级下册"找次品"和六年级下册"鸽巢问题"中分别渗透；"模型思想"则跨越多个年级，在四年级下册"鸡兔同笼"、五年级上册"植树问题"、六年级下册"鸽巢问题"几个单元中均有涉及。

总之，在"数学广角"教学中，存在"孩子们学得难，教师们教得累"的情况，不少老师并不清楚怎样才能更好地教学这部分内容。从"数学广角"大单元整体出发，以数学思想方法为主线贯穿始终，进行大单元主题下深度学习的教学设计，或许可以为老师们教学"数学广角"提供一些参考，从而实现更好的课堂教学。

二、教材分析

（一）课标要求

《义务教育数学课程标准（2022年版）》中从三个方面阐述基础数学教育的总目标，其中"会用数学的思维思考现实世界"就是对数学思想方法教学的要求。总目标中提出的"学生能获得适应未来生活和进一步发展所必需的数学基础知识、基本技能、基本思想、基本活动经验。"这里的"基本思想"从整个数学教学主线来看主要是合情推理和演绎。因小学义务教育自身带有基础性、普及性的特征，数学思想也便附上了具体的一层内容和学习涵义，即学生要通过具体的认知过程，独立思考，在合作交流中理解并内化。

（二）教材前后地位

虽然人教版教材从二年级开始才专门开设"数学广角"内容。但是，从一年级到六年级，每册教材中的每个知识点都能让学生领悟到一些数学思想方法：如一年级下册的"分类与整理"让学生领悟分类思想和一一对应思想；一年级下册"找规律"中渗透推理思想和符号化思想，这些都可以成为"数学广角"学习的经验。"数学广角"中渗透的思想方法还与后续中学的学习有着联系，比如"集合"，在高一还要专门学习集合的有关知识及容斥原理；再如"搭配"，在高二还要详细地学习"加法原理"和"乘法原理"。

（三）人教版教材中"数学广角"的编写结构

"数学广角"是人教版第一学段和第二学段教材中的独立单元，它本身的内容非常的丰富，包括一些数学经典名题（如：鸡兔同笼），数学中一些重要的基本问题（如：对策、统筹）和一些重要的研究数学的方法、手段和原理（如：乘法原理、集合中的容斥原理、抽屉原理）。其教学目的是渗透数学思想方法，帮助学生积累数学活动经验，发展学生思维，培养学生创新能力（表4.1）。

表4.1　人教版"数学广角"教学内容与思想方法

年级	内容	思想方法	年级	内容	思想方法
二年级上学期	搭配	有序思考 枚举法	二年级下学期	推理	合情推理 优化思想
三年级上学期	集合	集合思想 一一对应思想	三年级下学期	搭配	排列和组合 枚举法
四年级上学期	优化	优化思想 对策论方法	四年级下学期	鸡兔同笼	化繁为简思想 化归思想 模型思想
五年级上学期	植树问题	模型思想 一一对应思想	五年级下学期	找次品	推理思想 化归思想
六年级上学期	数与形	数形结合思想 极限思想	六年级下学期	鸽巢问题	推理思想 模型思想

从表中可以看出，人教版"数学广角"这个版块中有丰富的数学思想方法，主要有：排列组合、数形结合、一一对应、优化、符号化、集合、化归、推理、极限、模型等多达十多种的思想。

（四）不同版本教材对比

1. 苏教版教材中"解决问题的策略"

解决问题的策略就是解决问题的思维策略，其本质是一种认知策略，这是苏教版教材所独有的，类似于人教版教材中的"数学广角"。苏教版教材中对"解决问题的策略"这一内容是以大单元的形式单独呈现的，修订版教材在三到六年级的每一册中都安排了与策略有关的内容（表4.2）。

表 4.2　苏教版教材中"解决问题的策略"教学内容与思想方法

年级	内容	思想方法	年级	内容	思想方法
三年级上学期	解决问题的策略	从已知条件出发分析问题	三年级下学期	解决问题的策略	从问题出发分析问题
四年级上学期	解决问题的策略	列表法	四年级下学期	解决问题的策略	画图法
五年级上学期	解决问题的策略	列举法	五年级下学期	解决问题的策略	转化法
六年级上学期	解决问题的策略	假设法	六年级下学期	解决问题的策略	所学策略的整理与回顾

从表 4.2 可以看出，苏教版的教材不但有常用策略，也有特殊策略，单独编写的"解决问题的策略"单元能促进学生策略意识的形成，有利于提高学生解决问题能力和数学思维能力。

2. 北师大版教材中"数学好玩"

北师大版教材中的"数学好玩"类似于人教版教材中的"数学广角"，它旨在让学生在现实的生活情境或在具体活动中感悟数学思想方法，形成解决问题的策略，从而提升学生的数学素养，具体内容安排如表 4.3 所示。

表 4.3　北师大版教材中"数学好玩"教学内容与思想方法

年级	综合实践内容	其他内容	思想方法	年级	综合实践内容	其他内容	思想方法
一年级上学期	淘气的校园	一起做游戏	解决问题的经验	一年级下学期	分扣子	填数游戏	推理思想
二年级上学期	班级旧物市场	寻找身体上的数学"秘密"	应用意识、估算意识	二年级下学期	上学时间	"重复"的奥秘	推理思想
三年级上学期	校园中的测量	搭配中的学问、时间与数学	有序思考、枚举法	三年级下学期	小小设计师	我们一起去游园、有趣的推理	枚举法、推理思想
四年级上学期	滴水实验	编码、数图形的学问	符号意识、排列组合思想	四年级下学期	密铺	奥运中的数学优化	综合性解决问题、优化思想

续表

年级	综合实践内容	其他内容	思想方法	年级	综合实践内容	其他内容	思想方法
五年级上学期	设计秋游方案	图形中的规律、尝试与猜测	列表法、数形结合思想、模型思想	五年级下学期	"象征性"长跑	有趣的折叠、包装的学问	空间观念
六年级上学期	反弹高度	看图找关系、比赛场次	函数思想、推理思想	六年级下学期	绘制校园平面图	神奇的莫比乌斯带、可爱的小猫	拓扑学、数对的应用

从表4.3可以看出,北师大教材中的"数学好玩"栏目包括以下两部分内容:

第一部分:综合与实践,每学期安排1次。

第二部分:其他内容,包括数学游戏、数学趣题、数学应用等。一至二年级每学期安排1个专题,三至六年级每学期安排2个专题。第一学段教材版块包括"议一议""做一做""想一想",第二学段教材版块包括"设计活动方案""实际活动""总结反思",栏目的最后都设计了"自我评价"。

通过对使用最广泛的3种教材的对比发现,人教版教材的"数学广角"中重要的数学思想方法呈螺旋式上升,同一个思想方法有的跨越了不同的年级,甚至不同的学段;苏教版教材的"解决问题的策略"把数学思想方法渗透在解决实际问题中,将"隐"性的数学思想方法"显"性化为解决问题的策略;北师大版教材的"数学好玩"强调数学来源于生活,素材多采用生活中的素材。

"数学广角""解决问题的策略""数学好玩"虽然名称、内容各有差异,但总体目标却基本一致,都是向学生渗透数学思想方法。

三、学情分析

小学阶段是儿童成长的关键期,小学生有意注意水平低,但是模仿能力强;情感体验丰富、生动,但是对情绪和情感的控制不够;对事物的选择和判断主要来源于自身兴趣,当遇到困难时,完成动机的欲望可能会消失。学习活动能够促进儿童心理的发展。儿童的抽象逻辑能力、自我控制能力以及自我能力的评价等都是通过成功地完成学习任务而发展起来。

小学阶段儿童的思维处于具体运算阶段。特点是:从以具体的形象思维为主要形式向以抽象逻辑思维为主要形式过渡,十岁左右到十三四岁,孩子开始能理解一些复杂的因果关系,抽象逻辑思维能力得到发展,但是他们的抽象逻辑思维在很大程度上仍然是直接与感性经验相联系的,仍有很大的不自觉性和具体形象性。

数学思想方法是比较抽象的存在,因此,根据小学阶段学生的心理和思维特点,它必须要在学生解决具体数学问题时才能得到体现。因此,在"数学广角"的教学中,教师首先要根据教学目标在教学过程中设置一系列具有层次性的问题,采用问题式教学去引导学生体会数学思想方法;其次,"数学广角"这部分内容的教学应该通过必要的数学活动,如动手操作、直观演示等方式让学生感受抽象的数学思想方法;最后,要引导学生在运用某种数学思想方法解决问题之后,总结概括出其中具有普适性的解决方法,即经历建立模型的过程。

四、单元规划

(一)单元名称

数学广角。

(二)单元教学目标

(1)通过"数学广角"的教学,让学生学会独立思考,体会数学的基本思想,学会运用数学思维解决问题。

(2)经历运用数学的思维方式发现和提出问题、分析和解决问题的过程,获得数学思想方法。

(3)体验运用所学的知识解决问题的过程,获得初步的数学活动经验,感受数学的价值,增强学好数学的信心。

单元重难点:

重点:引导学生经历抽象过程,优化知识结构,培养学生主动应用数学思想方法的意识。

难点:学生将实际问题数学化,构造数学模型,灵活运用习得的数学思想方法解决相关问题。

(三)单元总体规划

人教版教材中的"数学广角"蕴含着丰富的数学思想方法,通过对这部分内容的系统教学,可以让学生的数学思维得到训练,数学核心素养得到发展。但是,很多教师对"数学广角"的认识仅停留在零散的一节节课上,未深入系统地学习研究过"数学广角"。因此,以数学思想方法为主线进行大单元教学,突出每个专题的核心思想方法,可以更好地方便一线教师将数学思想方法作为教学内容,从而发挥"数学广角"源于数学思想方法的载体作用,促进学生深刻地理解数学的本质(表 4.4)。

表 4.4 人教版教材中"数学广角"大单元内容重构前后对照情况

常规教材中的内容安排	调整后以"数学思想方法"为主线的单元内容结构安排
二年级上学期(搭配)	启蒙课《推理》(推理思想)
二年级下学期(推理)	感悟课(一)《搭配》(排列组合思想)
三年级上学期(集合)	感悟课(二)《集合》(容斥原理)
三年级下学期(搭配)	建构课(一)《鸡兔同笼》(模型思想)
四年级上学期(优化)	建构课(二)《优化》(优化思想)
四年级下学期(鸡兔同笼)	提升课(一)《植树问题》(模型思想)
五年级上学期(植树问题)	提升课(二)《找次品》(优化思想)
五年级下学期(找次品)	实践课(一)《数与形》(数形结合思想)
六年级上学期(数与形)	实践课(二)《鸽巢问题》(抽屉原理)
六年级下学期(鸽巢问题)	实践课(三)《整理与复习》

(四) 单元教学规划

"数学广角"大单元教学规划如表 4.5 所示,相应大单元教学设计案例将在第二节到第八节中展示。

表 4.5 "数学广角"大单元教学规划

课时	第一课 启蒙课
教学目标	1. 让学生了解简单的推理知识,初步获得一些简单推理的经验,能进行含有三个条件的简单推理; 2. 让学生经历简单的推理过程,体验推理的思想与方法,体会逻辑推理的条件与结论之间的联系; 3. 体会数学思想方法在生活中的用途,激发学生学习数学的积极性
教学内容	"推理"
教学活动	1. 说一说 对于刚才的猜密码游戏,你有什么想说的? 2. 读一读 有语文、数学和音乐 3 本书,有小红、小丽、小刚 3 个人,3 人各拿一本书。 3. 说一说 3 人各拿一本书是什么意思? 4. 说一说 你能提出什么问题? 能能判断出他们拿的是什么书吗? 5. 议一议 学生先独立思考,再在小组内交流。 6. 说一说 (1) 直接分析法; (2) 连线法; (3) 表格法。 比较这三种方法,你最喜欢哪种方法? 7. 说一说 如果从"小丽拿的不是数学书"开始,我们还能判断出他们各自拿的是什么书吗?

续表

教学活动	8. 练一练 （1）猜班级； （2）猜图形； （3）猜名次； （4）猜密码
教学资源	探究单、课件
课时	第二课 感悟课（一）
教学目标	1. 培养学生有思考的意识，通过观察、操作等方式找出简单事物的排列数，并能够不重不漏地记录下来； 2. 培养学生用数学眼光观察生活的意识和有序思考的能力
教学内容	"搭配"
教学活动	1. 猜一猜 一共有多少种不同的穿法？ 2. 比一比 展示学生作品。 3. 议一议 能不能换种角度思考？ 先固定其中一种，上装或下装，再按顺序搭配。 4. 想一想 如果没有实物图，你们可以想到用其他一些方式来表示吗？ 5. 理一理 虽然大家具体方法不同，但有什么共同的地方？

续表

教学活动	6. 练一练 (1) 用 1,3,5,7 能组成多少个没有重复数字的两位数？ (2) 用 0,1,3,5 能组成多少个没有重复数字的两位数？ 7. 理一理 要想做到不重复不遗漏，最重要的是什么？（有序思考）
教学资源	探究单、练习卡、课件
课时	第三课　感悟课（二）
教学目标	1. 经历维恩图的形成过程，了解简单的集合知识并感受意义，掌握"重叠问题"的简单列式解答方法。 2. 在借助维恩图解决实际问题的过程中，感受集合思想、符号化思想；培养数学信息表征能力，多角度思考问题，体验解决问题策略的多样性。 3. 感受数学与生活的联系和用数学工具解决生活实际问题的便利性；培养同伴之间合作互学的意识
教学目标	"集合"
教学活动	1. 说一说 两位妈妈和两位女儿去剪头发，理发师照常收费，却只收了3个人的钱。你知道为什么吗？ 2. 猜一猜 学校举办球类运动会，三(1)班选派9人参加跳绳比赛，8人参加踢毽子比赛，参加这两项比赛的一共几人？ 3. 画一画 能不能有一幅图让我们既能看出重复的人数，又能看出参加的总人数。请你在探究单上重新整理信息。 4. 说一说 学生汇报： (1) 重复的3人都放在表格的前面；

续表

教学活动	(2) 文字表达列出； (3) 画圈圈的、重复的放在两个圆圈重叠的部分。 5. 议一议 哪一幅图能让大家更清晰地既看出重复的人数，又看出总人数？ 6. 算一算 现在请你们根据这张维恩图，列式解决"一共有几人参加这两项比赛"？ 7. 说一说 学生汇报不同的算式： (1) 9－3＋8＝14（人）； (2) 9＋（8－3）＝14（人）； (3) 9＋8－3＝14（人）。 以上3种算式有什么相同之处吗？ 8. 练一练： (1) 把下面动物的序号填写在合适的圈里。 (2) 三(2)班也选派9人参加跳绳比赛，8人参加踢毽比赛，但总人数和前两班都不同，你能有序想出所有的可能吗？ 9. 理一理 今天这节课你有什么收获？维恩图在统计中发挥了什么作用？
	第四课　建构课（一）
教学资源	探究单、课件、练习卡
课时	
教学目标	1. 了解"鸡兔同笼"问题，感受古代数学问题的趣味性； 2. 尝试用猜测、画图、列表、假设的方法解决"鸡兔同笼"问题，使学生体会假设法的一般性； 3. 在解决问题的过程中，培养学生的化归思想、枚举思想、假设思想、模型思想。

续表

教学内容	"鸡兔同笼"
教学活动	1. 说一说 （出示鸡兔同笼原题）谁来读读这个问题？这题目是什么意思啊？ 2. 猜一猜 鸡和兔各有多少只？好猜吗？ 3. 读一读 从简单的问题入手（出示"笼子里有若干只鸡和兔，从上面数，有8个头，从下面数，有26只脚。鸡和兔各有几只？"） 4. 说一说 学生展示课前探究单上的画图法和列表法。 5. 说一说 从左往右观察表格，你发现了什么规律？ 6. 看一看 老师还给大家带来一种方法，叫假设法。假设法就藏在列表法中，看第一列。 7. 说一说 谁来再说一说每步的意思？ 8. 练一练 （1）鸡兔同笼原题； （2）生活中鸡兔同笼问题。 哪个相当于鸡？哪个相当于兔？ 9. 读一读 古人是怎么解决鸡兔同笼问题的呢？
教学资源	课前微视频、课堂探究单、练习卡

续表

课时	第五课 建构课（二）
教学目标	1. 通过简单的生活事例，引导学生经历优化的过程，使学生认识到解决问题策略的多样性，形成寻找解决问题最优方案的意识，并在寻求解决问题最优方案的过程中积累数学的基本活动经验，感悟优化的数学思想。 2. 使学生认识到解决问题策略的多样性，形成寻找解决问题最优方案的意识，并在寻求解决问题最优方案的过程中积累数学的基本活动经验，感悟优化的数学思想。 3. 感受生活与数学的联系，使学生初步形成从数学的角度发现问题、提出问题的能力以及分析问题、解决问题的能力，增强应用意识和实践能力。
教学内容	"优化"
教学活动	1. 玩一玩 哪两件事情可以同时做？连一连。 2. 想一想 洗菜和炒菜为什么不连？对，必须有先后顺序。 3. 说一说 从图上你了解了什么？ 4. 读一读 沏茶需要做哪些事情呢？ 5. 想一想 怎样安排比较合理并且省时间？请大家拿出探究指南。 6. 说一说 学生独立思考，小组交流，集体汇报。 7. 比一比 怎样安排合理并且省时间？

续表

项目	内容
教学活动	8. 说一说 介绍流程图。 9. 想一想 我们应该怎样的合理安排时间呢? 10. 练一练 (1) 小明怎样安排能让奶奶尽快吃上药? (2) 小明要用最短的时间给客人吃上饭,怎样安排合理? 11. 说一说 在实际生活中,有些事情动作可以同时完成,却不可以同时做。 12. 理一理 通过学习,你有哪些收获?哪个环节你印象最深?
教学资源	游戏视频、课堂探究单、课件、练习卡
课时	第六课 实践课(一)
教学目标	1. 学生通过自主探究发现图形中隐藏的规律可以用数来表示,且同一种形的规律可以用多种数的表示方式;在应用规律过程中,能利用形来解决数的问题,感受形的直观对解决问题的意义。 2. 学生在解决数学问题的过程中,体会和掌握数形结合、归纳推理等基本的数学思想。 3. 学生通过解决问题体会到数与形的完美结合,感受数学的魅力
教学内容	"数与形"
教学活动	1. 算一算 $1+3+5=$ $1+3+5+7=$

续表

教学活动	$1+3+5+7+9+11+13+15+17+19+21=$ 2. 想一想 你能用式子或数来表示下面图形中小正方形的数量吗？ 3. 说一说： (1) 数字表示： 1个，4个，9个。 (2) 奇数相加表示： 1，1+3，1+3+5。 提问：你的算式和图形是如何对应的？ (3) 行数×每行个数表示： 1×1，2×2，3×3。 提问：你的算式和图形是如何对应的？ 4. 做一做 $1+3+5+7+9+11+13+15+17+19+21=?$ 这道算式对应怎样的图形？ 5. 说一说  图和数之间有什么规律？ 你能不能想象一下第10个图形下方的圆的个数是多少？ 介绍"三角形数"。

续表

教学活动	6. 练一练 (1) 用算式表示下图中小正方形的个数 (2) 根据例题的结论论算一算： ① $1+3+5+7+5+3+1=(\quad)$； ② $1+3+5+7+9+11+13+11+9+7+5+3+1=(\quad)$； ③ $1+3+5+7+\cdots+(\quad)=20^2$。 7. 理一理 通过这节课的学习，你收获了什么？
教学资源	课件、练习卡
课时	第七课　实践课（二）
教学目标	1. 经历"抽屉原理"的探究过程，初步了解"抽屉原理"，会用"抽屉原理"解决一些简单的实际问题； 2. 让学生经历实物操作，画草图的方式进行枚举及假设法探究"鸽巢问题"的过程，为中学学习较为严密的数学证明做好准备； 3. 通过"鸽巢问题"的灵活应用感受数学的魅力，建立"鸽巢问题"的一般化模型
教学内容	"鸽巢问题"
教学活动	1. 玩一玩 2个凳子，3个人抢。 2. 读一读 把 4 支铅笔放进 3 个笔筒中，不管怎么放，总有一个笔筒里至少有 2 支铅笔。 3. 想一想 你有办法证明这句话的对错吗？ 4. 说一说 学生汇报不同的放法。

	续表
教学活动	5. 理一理 (4,0,0),(0,4,0),(0,0,4)这些放法,都是有一个笔筒里放4支,另外两个笔筒不放。可以视为同一种放法,都可以用(4,0,0)来记录。 6. 说一说 情况都罗列出来了,能证明"总有一个笔筒里至少有2支铅笔吗?"(学生尝试"枚举法"证明) 7. 议一议 这里不是有1支、0支的吗?怎么说"总有一个笔筒里至少有2支铅笔"? 8. 读一读 请你读一读,读出你的理解。 (强调"总有"和"至少") 9. 猜一猜 把5支铅笔放进4个笔筒中,总有一个笔筒里至少有(　　)支铅笔?请你用"枚举法"证明。 10. 说一说 如果把100支铅笔放进99个笔筒中,还要一一列举吗?有没有更简洁的方法证明这个结论是对的? 11. 说一说 介绍假设法思路。 12. 说一说 你能用算式表示这个过程吗? 13. 议一议 观察铅笔的支数和笔筒的数目,你发现了什么? 14. 议一议 (1) 如果把7支铅笔放进5个笔筒里呢?

续表

教学活动	(2) 把 8 支铅笔放进 5 个笔筒里呢？ (3) 把 10 支铅笔放进 5 个笔筒里呢？ 你又发现了什么？ 15. 说一说 介绍"抽屉原理"的数学史。 16. 练一练 (1) 在"抢凳子"游戏中，3 个人抢 2 张凳子，什么相当于物体？什么相当于抽屉？ (2) 生活中有抽屉原理吗？这里谁是抽屉？ 17. 理一理 本节课你学会了什么？
教学资源	抢凳子游戏、课堂探究单、课件、练习卡

第八课 实践课（三）

课时	
教学目标	通过用思维导图整理单元知识，让学生获得学习方式和方法；从整体上建构知识网络，形成知识板块，知晓知识的内在关联；激发学生持续的学习动力并热衷探究
教学内容	"整理与复习"
教学活动	说一说 小学阶段《数学广角》中你都学过了哪些内容？掌握了哪些数学思想方法？请你用思维导图整理所学内容
教学资源	学生整理的思维导图、课件

第二节 "数学广角"第一课"启蒙课"

第一课 启 蒙 课

（本节课内容依据人民教育出版社义务教育教科书《数学》二年级下册第九单元设计）

课时内容：

推理。

教学目标：

(1) 让学生了解简单的推理知识，初步获得一些简单推理的经验，能进行含有3个条件的简单推理。

(2) 让学生经历简单的推理过程，体验逻辑推理的思想与方法，体会逻辑推理的条件与结论之间的联系。

(3) 体会数学思想方法在生活中的用途，激发学生预设学习数学的积极性。

教学重难点：

重点：理解逻辑推理的含义，掌握简单推理的过程。

难点：学生有序地、全面地思考问题及推理依据的叙述。

教学准备：

课件、探究单、练习卡。

教学过程：

(一) 创设情境，激趣导入

活动一：猜密码。

关键问题：

(1) 密码由两个数字组成，密码是多少？

(2) 密码由数字3和4组成。

(3) 3不在右边。

（二）小组合作，探究新知

1. 探究例1

活动二：猜书本。

出示：有语文、数学和音乐共3本书，有小红、小丽、小刚共3个人，三人各拿一本书。

关键问题：三人各拿一本书是什么意思？能准确判断出他们拿的是什么书吗？

活动三：完成探究单。

预设生1：直接分析法。

小红拿的是语文书，还剩下数学与音乐书，小丽又说她拿的不是数学书，她肯定拿的就是音乐书了，剩下的小刚拿的就是数学书了。

预设生2：连线法。

我把人名和书名写成两行，根据"小红拿的是语文书"，所以小红就与语文书连在一起了；剩下的小丽和小刚就只能连数学和音乐书了，小丽说她拿的不是数学书，小丽肯定拿的是音乐书，将小丽与音乐书连上线；最后小刚拿的就是数学书了，再连上线。

预设生3：表格法（表4.6）。

表4.6 表格法

	小红	小丽	小刚
语文	√	×	×
数学		×	√
音乐		√	

2. 课堂小结

讨论：虽然大家解决问题的方法不同，但是为什么都是先从"小红拿的是语文书"这个条件开始？只给这一个关键信息能推出结论吗？

（三）实践应用，大展身手

活动四：猜班级。

小冬、小雨和小伟三人分别在一、二、三班。小伟是三班的，小雨下课后去一班找小冬玩。小冬和小雨各是几班的？

关键问题：你先确定谁的班级？为什么？

活动五:猜图形。

信封里有一个圆,一个三角形,一个长方形。露出一部分,你能猜猜它们是谁吗?

活动六:猜名次。

小雨、小东、小松三个人进行跳绳比赛。小松说:"我不是最后一名。"小东说:"我也不是最后一名,但是小松的成绩比我好。"他们各得了第几名?

活动七:猜密码。

数学乐园之旅快要结束了,打开最后一道智慧大门,我们就能回家啦。密码就藏在4位小朋友的奖品里。这次的密码是由4个数字组成,左起第一位上的数字比第三位的大,第三位的数字比第二位的大,第一位上的数字不是最大的。你能判断出密码是多少吗?

(四)课堂小结,拓展延伸

小结:今天这节课哪个环节或者活动给你印象最深?哪位同学的回答你最欣赏?你最喜欢哪种方法?为什么?

过关清单

基础性练习

1. 赵老师、李老师、王老师分别教语文、数学、英语中的一门。语文老师不姓李,李老师不带三角尺和米尺上课,赵老师和数学老师是好朋友。

问题1:在表4.7正确的格子中画"√",在不正确的格子中画"×"并填空。

表 4.7

	数学	英语	语文
赵老师			
李老师			
王老师			

问题2:利用列表法,我的结论是:

2. 猜一猜,小明、小青和小力的爸爸各是什么职业?

小明、小青和小力的爸爸的职业分别是工人、解放军、医生中的一种,其中

(1) 小明的爸爸不是工人;

(2) 小青的爸爸不是医生;

(3) 小明的爸爸和小青的爸爸正在听解放军爸爸讲"一箭多星"的发射技术。

我的推理过程(用你喜欢的方法):

发展性练习

4个小朋友比体重,请你根据下面几句话,将4位小朋友的体重按重到轻的顺序排队:

(1) 甲比丙重;

(2) 乙比丙轻;

(3) 丙比丁重;

(4) 丁比乙轻。

我的推理过程(用你喜欢的方法):

第三节 "数学广角"第二课"感悟课(一)"

第二课 感悟课(一)

(本节课内容依据人民教育出版社义务教育教科书《数学》三年级下册第八单元设计)

课时内容:

搭配中的学问。

教学目标:

(1) 通过观察、猜测、实验等活动,找出简单事物的排列数。

(2) 使学生在解决问题的过程中,体验解题策略的多样性,初步学会用数学语言表达自己的观点。

(3) 培养学生全面、有序地思考问题的意识,养成与人合作的良好习惯。

教学重难点:

重点:能找出简单事物的排列数。

难点:能够有序地、全面地思考问题并用数学语言及符号清楚地表达自己的观点。

教学准备:

课件、探究单、数字卡片、练习卡。

教学过程：

（一）创设情境，引出猜想

出示：大头儿子一家去商场买了几件新衣服？

关键问题：

(1) 上装和下装只能各穿一件，这些衣服可以怎样搭配呢？

(2) 一共有多少种不同的穿法？

活动一：画一画、写一写。

（二）自主探究，感悟有序

活动二：展示作品，对比中感知有序。

预设生1：无序，有漏的。

预设生2：有序，画图连线。

1. 讨论中理解，不同角度体会有序

关键问题：我们刚刚都是先固定上装，用上装去搭配下装。能不能换个角度思考，先固定下装可以吗？

活动三：学生尝试。

小结：先固定其中的一种，上装或下装，再按顺序一一搭配。

2. 交流中提升，体会符号的简洁

关键问题：如果没有实物图，你们可以想到用其他一些方式来表示吗？

活动四：学生说说方法。

预设生1：有序，文字表示。

预设生2：有序，图形表示。

预设生3：有序，数字表示。

预设生4：有序，字母表示。

3. 抽象过程，列式计算

方法一：从上装往下配。

$$3+3=6(种)$$

即 $3×2=6(种)$。

板书：$3×2=6(种)$。

方法二：从下装往上配。

$$2+2+2=6(种)$$

即 $2\times3=6$(种)。

板书：$2\times3=6$(种)。

关键问题：这里的"2"表示什么？3表示什么？

4. 小结方法，有序思考

讨论：大家的方法不同，但是都能不多不少地把所有搭配的方法表示出来。这些方法的共同点是什么？

小结：这样去思考问题，我们就可以做到不重复不遗漏了。我们称为有序思考。

(三) 巩固练习，优化提升

1. 用1、3、5、7能组成多少个没有重复数字的两位数？

预设生1：交换法，13、31、15、51、17、71、35、53、37、73、57、75，一共能组成12个两位数。

预设生2：固定十位法，十位上是1的两位数有13、15、17；十位上是3的两位数有31、35、37；十位上是5的两位数有51、53、57；十位上是7的两位数有71、73、75；一共有12个两位数。

预设生3：固定个位法，个位上是1的两位数有31、51、71；个位上是3的两位数有13、53、73；个位上是5的两位数有15、35、75；个位上是7的两位数有17、37、57，一共有12个两位数。

小结：要使组成的两位数不重复、不遗漏，必须按一定的顺序来写。

2. 用0、1、3、5能组成多少个没有重复数字的两位数？

关键问题：都是用4个数字组成没有重复数字的两位数，为什么结果不同呢？

(四) 课堂小结，回顾整理

讨论：要想做到不重复不遗漏，最重要的是什么？

过关清单

基础性练习

1. 小明来到了快餐店吃午餐，快餐店里的饮料有牛奶、果汁、可乐，点心有汉堡包、鸡翅、蛋挞和薯条，如果饮料和点心各选一种，她有多少种不同的搭配吃法呢？

2. 北京到广州的火车要在北京、郑州、武汉、广州4个车站停留,那么这些车站间的往返火车票共需要多少种?

发展性练习

1. 有甲、乙、丙三只小羊。

(1) 它们三个合影照相,排队站成一排,请问一共有多少种不同的站法?

(2) 每两只小羊握一次手,一共需要握几次?

(3) 这两个问题有什么不同?

第四节 "数学广角"第三课"感悟课(二)"

第三课 感悟课(二)

(本节课内容依据人民教育出版社义务教育教科书《数学》三年级上册第九单元设计)

课时内容:

集合。

教学目标:

(1) 让学生经历韦恩图的产生过程,能借助韦恩图,利用集合的思想方法解决简单的实际问题。

(2) 借助韦恩图解决实际问题的过程中,感受集合思想、符号化思想;培养数学信息表征能力、多角度思考问题,体验解决问题策略的多样性。

(3) 感受数学与生活的联系,用数学工具解决生活实际问题的便利性;培养同伴之间合作互学的意识。

教学重难点:

重点:经历韦恩图的产生过程,运用集合思想方法列式解决简单的问题。

难点:理解韦恩图中的各部分含义,并用规范的语言表达。

教学准备:

课件、韦恩图、练习卡。

教学过程：

（一）激趣导入

关键问题： 两位妈妈和两位女儿去剪头发，理发师照常收费，却只收了3个人的钱。你知道为什么吗？

活动一：学生讨论

（二）自主探索

1. 引发"冲突"

活动二：说一说。

三(1)班选派9人参加跳绳比赛，8人参加踢毽子比赛，参加这两项比赛的一共几人？

预设生1：9+8=17(人)。

预设生2：不同意，如果有人既参加了跳绳又参加了踢毽子呢？

2. 表征信息

出示表4.8。

表4.8

跳绳	杨明	陈东	刘红	李芳	王爱华	马超	丁旭	赵军	徐强
踢毽子	刘红	于丽	周晓	杨明	朱小东	李芳	陶伟	卢强	

关键问题：

(1) 参加这两项比赛的共有多少人？

(2) 能不能有一幅图让我们既能清晰地看出重复的人数，又能看出参加的总人数。

活动三：画一画。

预设生1：将表格人名重新排序，重复的3人都放在前面表4.9。

表4.9

跳绳	杨明	刘红	李芳	陈东	王爱华	马超	丁旭	赵军	徐强
踢毽子	杨明	刘红	李芳	于丽	周晓	朱小东	陶伟	卢强	

预设生2：把重复的3人用线连起来。

预设生3:集合图。

3. 介绍韦恩图

活动四:评一评。

关键问题:哪种方法好?你能看懂第三位同学的作品吗?

关键问题:利用这两个图怎样才能让他人直观看出"参加这两项比赛的人员情况"呢?

以课件动态展示图4.1左右两个部分重叠的过程。

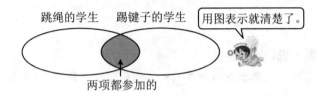

图 4.1

关键问题:左边的圈表示什么?右边的圈呢?中间重叠部分呢?

(三) 理解算法

活动五:自主列式。

活动六:图文结合解释算式。

预设生1:9-3+8=14(人)先求出只参加跳绳不参加踢毽的9-3=6(人),再加上踢毽的8人。

预设生2:9+(8-3)=14(人)先求出只参加踢毽不参加跳绳的8-3=5(人),再加上跳绳的9人。

预设生3:9+8-3=14(人)先求出参加跳绳和参加踢毽的人数之和,再减去既参加跳绳又参加踢毽的3人。

(三) 比较总结

关键问题:以上3种算式有什么相同之处?这3人,直接拿掉可以吗?

四、巩固练习

1. 完成"做一做"第1题(图4.2)。

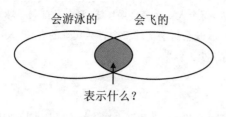

图 4.2

2. 三(2)班也选派 9 人参加跳绳比赛,8 人参加踢毽比赛,但总人数和前面两班都不同,你有序想出所有的可能吗?

预设生 1:可能重复 1 人,只参加跳绳的:8 人;既参加跳绳又参加踢毽的:1 人;只参加踢毽的:7 人。总人数是 16 人。

预设生 2:可能重复 2 人,也是相似,总人数是 15 人。

预设生 3:可能重复 8 人,跳绳的这个集合包含了踢毽整个集合,总人数是 $9+8-8=9$(人)。

预设生 4:也有可能没有重复呀!0 人重复,那总人数就是 $9+8=17$(人),两个集合没有重叠部分,是分离的。

(五) 全课小结

小结:今天我们学习了集合的知识,还会运用集合知识解决生活中的问题。说一说今天你有什么收获。

过关清单

基础性练习

1. 填一填(图 4.3):

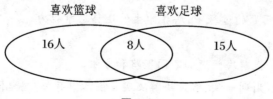

图 4.3

(1) 一共调查了(　　)人。

(2) 喜欢篮球的有(　　)人,只喜欢足球的有(　　)人,两种球都喜欢的有(　　)人。

2. 某工厂有180人,每个人要么会打乒乓球,要么会打羽毛球,要么两样都会。现知道会打乒乓球的有80人,既会打羽毛球又会打乒乓球的有20人,会打羽毛球的有多少人?只会打羽毛球的有多少人?

发展性练习

课后小调查:

如果要统计我们班同学喜欢吃肉和喜欢吃蔬菜的情况,同学们能自己设计韦恩图吗?你会在图中哪个位置呢?"既不,又不"应该在哪个位置呢?

我的设计:

第五节 "数学广角"第四课"建构课(一)"

第四课 建 构 课 (一)

(本节课内容依据人民教育出版社义务教育教科书《数学》四年级下册第九单元设计)

课时内容:

鸡兔同笼。

教学目标:

(1) 了解"鸡兔同笼"问题,感受古代数学问题的趣味性。

(2) 尝试用猜测、画图、列表、假设的方法解决"鸡兔同笼"问题,使学生体会假设法的一般性。

(3) 在解决问题的过程中,培养学生的迁移思维能力。

教学重难点:

重点:理解掌握解决问题的不同思路和方法。

难点:掌握运用列表法、假设法解决实际生活中有关"鸡兔同笼"的问题。

教学准备:

学习任务单、课件。

教学过程：

（一）创设情境，揭示课题

活动一：读一读。

"今有雉兔同笼，上有三十五头，下有九十四足，问雉兔各几何？"

（二）自学检测，互动交流

1. 感受化繁为简的必要性

活动二：猜一猜。

关键问题：鸡和兔各有多少只？

数大了不好猜，我们应该怎么办？

活动三：画一画、写一写。

出示探究单：笼子里有若干只鸡和兔，从上面数，有8个头，从下面数，有26只脚。鸡和兔各有几只？

课前探究单

课题：
数学广角——鸡兔同笼。

学习目标：
1. 学会用不同的方法解决鸡兔同笼问题。
2. 在解决问题的过程中培养逻辑推理能力。

学习资源：
网络、课本。

学习建议：
自己动手画一画，独立思考想一想，写一写思考结果。

我的探究：
笼子里有若干只鸡和兔，从上面数，有8个头；从下面数，有26只脚。鸡和兔各有几只？

1. 你能用画图的方法解决问题吗？（用 🧍 只表示鸡，用 🧍 表示兔。）

画一画：_____

通过图画我知道有（　　）只鸡，有（　　）只兔。

2. 通过刚才的画一画,你能在表 4.10 中写一写吗?

表 4.10 鸡兔同笼

鸡	8	7					
兔	0	1					
脚	16	18					

观察表格,我发现了 _____

_____

_____

我想问: _____

2. 自学检测,寻找策略

活动四:展示画图法。

预设生1:画图法,从4只鸡,4只兔试起。

预设生2:从8只鸡,0只兔试起。

预设生3:从8只兔,0只鸡试起。

关键问题:为什么要两只脚、两只脚地添?

活动五:经历列表法形成过程。

关键问题:

(1) 我们可以把刚才画图调整的过程用表格记录下来。先假设鸡和兔各有一半,共有多少只脚?

(2) 实际上有26只脚,该如何调整?

(3) 如果是2只鸡,6只兔,总脚数是多少?5只鸡,3只兔呢?6只鸡,2只兔呢?

(4) 如果先试8只鸡,0只兔,共多少只脚?

(5) 如果先试0只鸡,8只兔呢?

关键问题:从左往右观察表格,你发现了什么规律?

3. 探究假设法

活动六:从列表法到假设法。

出示课件:第一列,鸡有8只,兔有0只。

假设全是鸡:(板书配图示)

$8 \times 2 = 16$(只)(如果把兔全当成鸡一共就有 $8 \times 2 = 16$ 只脚);

$26 - 16 = 10$(只)(比实际少算了10只脚)。

关键问题:为什么会少算10只脚?

$$4-2=2(只)(把一只兔当成了鸡就少算2只脚)$$

关键问题:把几只兔当成了鸡少算了10只脚?

讨论:根据第一列的数据可以假设全部是鸡,那么根据这一列的数据还可以怎样假设?

小结:刚才我们假设都是鸡或都是兔,所以把这种方法叫作假设法。

(三)课中检测,训练思维

1. 鸡兔同笼原题

关键问题:现在你们会解决《孙子算经》中的原题了吗? 为什么不选择用画图法和列表法?

2. 生活中鸡兔同笼问题

关键问题:古人为什么要研究鸡兔同笼问题呢? 鸡兔同笼问题有什么独特的魅力?

出示:自行车和三轮车共10辆,总共有26个轮子,自行车和三轮车各有多少辆?

关键问题:哪个相当于鸡? 哪个相当于兔?

(四)全课总结,拓展延伸

关键问题:谁来说说古人是怎么解决鸡兔同笼问题的呢?

总结:这节课,我们一起用画图法、列表法和假设法解决了我国古代著名的"鸡兔同笼"问题。其实1500年以来,我国历代的数学家都在不断研究和探索这个问题,得出了许多解决"鸡兔同笼"问题的方法。有兴趣的同学可以课后查阅有关的资料。

过关清单

基础性练习

1. 有龟和鹤共40只,龟的腿和鹤的腿共有112条,龟、鹤各有几只?
   (1) 我会解答;
   (2) 我会说理(说清每步算式的含义);
   (3) 这是日本的"龟鹤同游"问题,这个问题和鸡兔同笼有什么相似之处?

2. 某次数学竞赛共20题,评分标准是:每做对一题得5分,每做错或不做一题扣1分。小华参加这次竞赛,得了64分。问:小华做对了几道题?

(1) 我会解答;
(2) 我会说理(说清每步算式的含义);
(3) 这个问题和鸡兔同笼有什么联系?

发展性练习

有蜘蛛、蜻蜓、蝉三种动物共21只,有138条腿,23对翅膀,3种动物各多少只(蜘蛛8条腿,没有翅膀;蜻蜓6条腿,2对翅膀;蝉6条腿,1对翅膀)?

(1) 我会解答;
(2) 我会说理(说清每步算式的含义);
(3) 这个问题和鸡兔同笼有什么联系?

第六节 "数学广角"第五课"建构课(二)"

第五课 建构课(二)

(本节课内容依据人民教育出版社义务教育教科书《数学》四年级上册第八单元设计)

课时内容:
优化。

教学目标:

(1) 通过简单的生活事例,引导学生经历优化的过程,让学生学会选择合理、快捷的方法解决问题。

(2) 使学生认识到解决问题策略的多样性,形成寻找解决问题最优方案的意识,并在寻求解决问题最优方案的过程中积累数学的基本活动经验,感悟优化的数学思想。

(3) 感受生活与数学的联系,使学生初步形成从数学的角度发现问题、提出问题的能力以及分析问题、解决问题的能力,增强应用意识和实践能力。

教学重难点:
重点:探究解决问题的最优方案。
难点:在具体问题的解决中感悟优化的数学思想。

教学准备：
游戏视频、探究单、练习卡。
教学过程：

(一) 游戏导入，初步感知

活动一：游戏连连看。
出示课件：哪两件事情可以同时做？连一连。

听音乐　　看电视　　睡觉　　吃饭　　烧水
找茶叶　　唱歌　　　炒菜　　洗菜　　跳舞

关键问题：洗菜和炒菜为什么不能连起来？

(二) 动手操作，经历优化

1. 提取信息、提出问题
出示课件主题图。
关键问题：
(1)"尽快"是什么意思？
(2)沏茶需要做哪些事情呢？

2. 尝试探索，比较优化
活动二：学生先独立思考，再小组交流。
课件出示探究指南：
(1) 想一想：应该先做什么，再做什么，才能让客人尽快喝到茶？
(2) 摆一摆：用卡片摆一摆自己的安排方案。
(3) 写一写：把你们摆的方案记录下来。
(4) 议一议：把你设计的方案在小组里交流。

活动三：集体交流，优化方案。
预设方案一：洗水壶，接水，烧水，洗茶杯，找茶叶，沏茶。
预设方案二：烧水的同时洗水壶、接水、洗茶杯、找茶叶、沏茶。
关键问题：你有什么想说的？
预设生：洗水壶、接水必须在烧水之前；沏茶必须在水烧开之后。
预设方案三：洗水壶，接水，烧水（同时洗茶杯，找茶叶），沏茶。

活动四：对比方案。
关键问题：怎样安排合理并且省时间？
小结：第一个小组只考虑先后顺序，时间长了点。
第二个组只考虑时间最短，没有考虑有些事情是不能同时做的，是错误的。

第三小组是先洗水壶、再接水、然后烧水,烧水的同时洗茶杯、找茶叶,最后沏茶。

关键问题:

(1) 为什么烧水的同时可以洗茶杯、找茶叶?

(2) 这样安排,需要的时间是多少呢?

(3) 找茶叶的1分钟去哪了?洗茶杯的2分钟呢?

预设方案四:如图4.4所示。

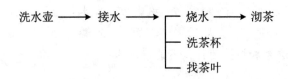

图4.4

关键问题:

(1) 你明白箭头表示的意思吗?

介绍流程图。

(2) 同时做的事用流程图怎样表示呢?

3. 小结优化的方法

讨论:想一想,我们应该怎样合理安排时间呢?

小结:先分清事情的先后顺序,再考虑哪些事情可以同时做,画出流程图,最后计算出所用时间。

(三) 继续探索,深化思想

问题1:奶奶感冒了,吃完药后要赶快休息。根据表4.11,小明应如何合理安排下面的事情?

表4.11

找杯子倒开水	1分钟
等开水变温	6分钟
找感冒药	1分钟
量体温	5分钟

关键问题:你们能帮小明安排一下吗?请同学们在练习卡上画流程图表示出来,并列式计算出时间。

问题2:小明要用最短的时间让客人吃上饭,根据表4.12,怎样安排合理?

表 4.12

用炒锅炒土豆丝	10分钟
用炒锅炒青菜	4分钟
用高压锅煲汤	30分钟
淘米	2分钟
用电饭锅煮饭	30分钟

关键问题：你用了多少时间？你是怎么安排的？

预设方案一（两个灶头）：如图4.5所示。

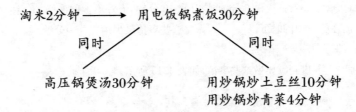

$$2+30=32(\text{分钟})$$

图4.5　方案一

预设方案二（只有一个灶头）：如图4.6所示。

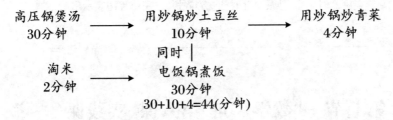

$$30+10+4=44(\text{分钟})$$

图4.6　方案二

关键问题：还有没有其他可能？对，如果是电压力锅，需要多少时间呢？又该怎么安排呢？

小结：优化方案要结合生活实际。不同情况下，优化方案一般是不相同的。

（四）介绍史料，揭示思想

介绍运筹学史料。

出示课件：

（1）为了节省时间，小丽在公交车上看书。

(2) 外卖小哥边骑车边接电话。
(3) 亮亮边吃饭边看电视。
关键问题:这样做有什么不对呢?

(五) 回顾整理,总结收获

讨论:通过学习,你有哪些收获?哪个环节你印象最深?

过关清单

基础性练习

丽丽每天晚上要背诵成语6分钟,烧开水10分钟,泡好不烫的牛奶2分钟,喝牛奶5分钟,那丽丽在(　　)同时可以(　　),做完这些事情最少用(　　)分钟。

发展性练习

李老师晚上下班到家要做这些事情,如表4.13所示。

表 4.13

烧开水	30分钟	择菜	10分钟
洗菜	5分钟	微波炉热饭	3分钟
炒菜	20分钟	烧汤	10分钟

如果李老师6时到家,他最早几时能吃到晚饭?(用流程图表示出来)

第七节 "数学广角"第六课"实践课(一)"

第六课 实践课(一)

(本节课内容依据人民教育出版社义务教育教科书《数学》六年级上册第八单元设计)

课时内容:

数与形。

教学目标：

(1) 通过感受数形间的对应联系，理解规律"从 1 开始，连续的若干个奇数相加的和，等于加数个数的平方"，并能掌握规律进行计算。

(2) 经历画一画，写一写，说一说的探究过程，促进学生推理能力的发展，培养学生观察、分析、推理以及解决问题的能力。

(3) 在解决数学问题的过程中体会和掌握数形结合、归纳推理等基本的数学思想。

教学重难点：

重点：感受数形之间的对应，理解规律。

难点：利用数形结合思想解决实际问题。

教学准备：

课件、探究单、练习卡。

教学过程：

(一) 练习导入，感受优势

活动一：学生口答。

1 + 3 + 5 =

1 + 3 + 5 + 7 =

1 + 3 + 5 + 7 + 9 + 11 + 13 + 15 + 17 + 19 + 21 =

关键问题：你是怎么算出来的？说说你的方法。

(二) 以形释数

活动二：自主探究。

出示探究单。

探究单

你能用式子或数来表示图 4.7 中小正方形的数量吗？

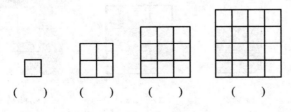

(　　)　(　　)　(　　)　(　　)

图 4.7

活动三:汇报交流。

预设生1:数字表示:

1个、4个、9个、16个。

预设生2:奇数相加表示:

1、1+3、1+3+5、1+3+5+7。

关键问题:对于图4.8,你的算式和图形是如何对应的?

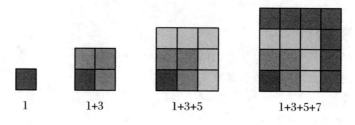

图 4.8

预设生3:行数×每行个数表示:

1×1、2×2、3×3、4×4。

关键问题:对于图4.9,你的算式和图形是如何对应的?

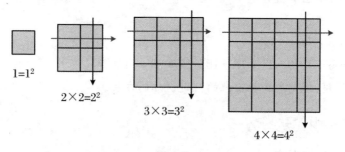

图 4.9

活动四:总结规律。

关键问题:结合图4.10,仔细观察4组等式,你有什么发现?

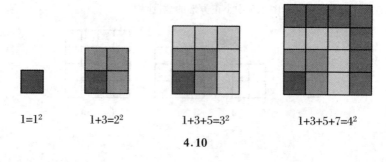

4.10

小结:从1开始,若干个连续奇数相加的和,就是加数个数的平方。4个小正方形可以拼成大正方形,9个小正方形可以拼成大正方形,16个小正方形也可以拼成大正方形。像这样的数,我们数学上称之为"正方形数"。

关键问题:根据这个发现,想一想,第10个图中有多少个小正方形?第100个图呢?

活动五:学习检测。

出示:
$$1+3+5+7+9+11+13+15+17+19+21=$$

关键问题:这道算式对应怎样的图形?

(三) 以数解形

出示课件(图4.11):

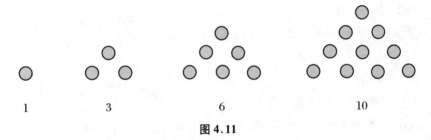

图 4.11

关键问题:

(1) 请你观察和思考,图和数之间有什么规律?

(2) 你能照这个规律往下画吗?第5个、第6个、第7个图形下方的数,你能不能很快写出来?

(3) 现在老师不让你画图,你能不能想象一下第10个图形下方的那个数是多少?

小结:能排成三角形,而且这个三角形的每一行的小圆的个数分别是从1开始的连续自然数。在数学上,我们把1、3、6、10、15、21、28这样的数称为"三角形数"。

关键问题:28的下一个三角形数是多少?

(四) 巩固练习

1. 从形到数

(1) 用算式表示图4.12中小正方形的个数:

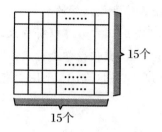

图 4.12

(2) 学生汇报:

预设生 1:15×15;

预设生 2:1+3+5+7+9+11+13+15+17+19+21+23+25+27+29。

2. 从数到形

(1) 算一算:

① 1+3+5+7+5+3+1=(　　);

② 1+3+5+7+9+11+13+11+9+7+5+3+1=(　　);

③ 1+3+5+7+…+(　　)=202。

(2) 学生汇报

关键问题:第 3 题怎么思考?

预设生 1:一个一个数出来,数了 20 个加数,得 39。

预设生 2:20×2-1=39。20 是大正方形的边长,要求大正方形中最外层的小正方形个数,有两条边长,又因为多算了一个,所以先乘 2 再减 1。

小结:解决问题遇到困难时要怎么办?见数思形,遇到困难想到对应的图形。让数与形结合起来。

(五) 回顾反思,感悟延伸

讨论:通过这节课的学习,你收获了什么?

小结:我国数学家华罗庚先生曾言:"数缺形时少直观,形少数时难入微,数形结合百般好,割裂分家万事休。"希望大家在平时学习中用上数形结合,用好数形结合,让学习事半功倍。

过关清单

基础性练习

1. 画一画、说一说。

图 4.13 的每个图中各有多少个深色小正方形和多少个浅色小正方形?

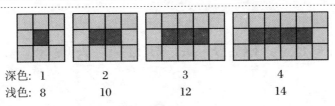

深色: 1　　　　2　　　　　3　　　　　　4
浅色: 8　　　　10　　　　12　　　　　14

图 4.13

照这样接着画下去,第 6 个图形有多少个深色小正方形和多少个浅色小正方形？第 10 个图形呢？你能解释其中的道理吗？

2. 想一想、说一说。

图 4.14 的每个图最外圈各有多少个小正方形？

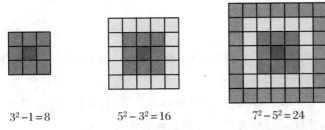

$3^2-1=8$　　　　$5^2-3^2=16$　　　　$7^2-5^2=24$

图 4.14

照这样接着画下去,第 5 个图形最外圈有多少个小正方形？你能解释其中的道理吗？

发展性练习

画一画、写一写：

我们想研究连续偶数相加和的规律：$2+4+6+8+\cdots+2020$,你准备怎么探究？

(探究提示：题中的数比较大,可以从最简单的开始运用数形结合的思想先摆一摆,再写一写算式,然后结合图 4.15 形观察算式的特征,接着验证特征)

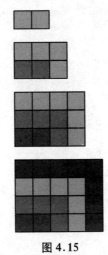

图 4.15

第八节 "数学广角"第七课"实践课(二)"

第七课 实 践 课（二）

（本节课内容依据人民教育出版社义务教育教科书《数学》六年级下册第五单元设计）

课时内容：
鸽巢问题。

教学目标：
（1）经历"鸽巢原理"的探究过程，初步了解"鸽巢原理"，会用"鸽巢原理"解决一些简单的实际问题。
（2）让学生经历实物操作、画草图的方式进行枚举及假设法探究"鸽巢问题"的过程，为中学学习较为严密的数学证明做好准备。
（3）通过"鸽巢问题"的灵活应用感受数学的魅力，建立"鸽巢问题"的一般化模型。

教学重难点：
重点：经历"鸽巢原理"的数学证明过程，初步了解"鸽巢原理"。
难点：理解"鸽巢原理"，并对一些简单实际问题加以"模型化"。

教学准备：
抢凳子游戏、课件、探究单

教学过程：

（一）游戏导入，感知原理

活动一：抢凳子游戏。
关键问题：都坐下来了吗？看他们是怎么坐的？我们可以用(2,1)来记录。

（二）动手探究，尝试说理

1. 情境引问、分析题意
出示课件：把4支铅笔放进3个笔筒中，不管怎么放，总有一个笔筒里至少有2支铅笔。

关键问题：

(1)"总有"是什么意思？"至少"呢？

2. 逐步深入、枚举法证明

活动二：尝试枚举法证明。

学生汇报：(4,0,0)(3,1,0);(2,2,0)(2,1,1)。

关键问题：是不是还有其他的放法？还有补充吗？

(2) 你有办法证明这句话是对还是错吗？

预设生：(0,4,0);(0,0,4)。

小结：(4,0,0);(0,4,0);(0,0,4),这些放法，都是有一个笔筒里放4支，另外两个笔筒不放，可以视为同一种放法，都可以用(4,0,0)来记录。

关键问题：把4支铅笔放进3个笔筒中，一共就几种不同的放法？

关键问题：情况都罗列出来了，能证明"总有一个笔筒里至少有2支铅笔吗？"

预设生：

第一种放法，有一个笔筒里是4支铅笔，大于2支铅笔，符合"有一个笔筒里至少2支"。

第二种放法，有一个笔筒里是3支铅笔，大于2支铅笔，符合"有一个笔筒里至少2支"。

第三种放法，有2个笔筒里是2支铅笔，随便看哪一个笔筒，符合"有一个笔筒里至少2支"。

第四种放法，有一个笔筒里是2支铅笔，符合"有一个笔筒里至少2支"。

每种放法中，都有一个笔筒里至少是2支铅笔，也就是，总有一个笔筒里至少有2支铅笔。

关键问题：老师有一个问题，这里不是有1支、0支的吗？怎么说"总有一个笔筒里至少有2支铅笔"？

活动三：猜一猜。

猜一猜，把5支铅笔放进4个笔筒中，总有一个笔筒里至少有(　　)支铅笔？

关键问题：谁对谁错呢？请你用刚才学到的方法证明。

预设生：

(5,0,0,0)

(4,1,0,0)

(3,2,0,0)

(2,2,1,0)
(2,1,1,1)

看铅笔数最多的那个笔筒,分别有5,4,3,2支,至少2支。所以,把5支铅笔放进4个笔筒中,总有一个笔筒里至少有2支铅笔。

3. 优化方法、假设法证明

关键问题: 看来,一一列举是个好办法,能够证明一些道理。但如果把100支铅笔放进99个笔筒中,还要一一列举吗?

有没有更简洁的方法证明"把5支铅笔放进4个笔筒中,不管怎么放,总有一个笔筒里至少有2支铅笔。"这个结论是对的?

活动四:学生尝试"假设法"证明。

预设生:先平均分,每个笔筒先放一支铅笔,4个笔筒最多放4支铅笔。剩下的那1支铅笔,不管放进哪个笔筒,总有一个笔筒里至少有2支铅笔。

关键问题:

(1) 前面4支笔去哪里了?

(2) 最后1支笔怎么放?

讨论:你们看我这样说行吗?

(1) 总有一个笔筒里有2支铅笔。

(2) 第一个笔筒里至少有2支铅笔。

小结:刚才同学们是把每个笔筒里先放1支,其实就是平均分。然后再放最后一支笔,这种方法能很快地证明结论,它叫"假设法"。

关键问题:

(1) 先平均分是上面提到的哪一种放法呢?

(2) 为什么考虑这一种放法就可以证明结论?

(3) 既然是平均分,你能用算式表示这个过程吗?

(4) 这里的两个"1"分别表示什么意思?

关键问题:

(1) 把6支铅笔放进5个笔筒中,会有什么结论?

(2) 怎么证明?

(3) 怎么用算式表示?

关键问题:

(1) 把100支铅笔放进99个笔筒里是什么情况呢?

(2) 把100支铅笔放进100个笔筒中,会总有一个笔筒里至少有2支铅笔吗?

(3) 观察铅笔的支数和笔筒的数目,你发现了什么?

小结:把 $n+1$ 支铅笔放进 n 个笔筒中,总有一个笔筒里至少有 2 支铅笔。

关键问题:如果把 7 支铅笔放进 5 个笔筒里呢?

活动五:学生尝试用算式表示假设法。

预设生 1:

$7 \div 5 = 1 \cdots 2$ $1 + 2 = 3$

预设生 2:

$7 \div 5 = 1 \cdots 2$ $1 + 1 = 2$

关键问题:

(1) 到底是 $1+2$ 还是 $1+1$?

(2) 为什么还要再次平均分?

(3) 你会用算式表示这个过程吗?

(4) 这里的两个 1,分别表示什么意思?

关键问题:

(1) 把 8 支铅笔放进 5 个笔筒里呢?余下的 3 支怎么办?怎么用算式表达?

(2) 把 10 支铅笔放进 5 个笔筒里呢?

活动六:学生列相应算式说理。

4. 总结原理、介绍史料

关键问题:仔细观察,你又发现了什么?

活动七:学生交流发现。

介绍"抽屉原理"。

小结:这些看起来不同的问题其实都是一样的,铅笔、鸽子就相当于"物体";笔筒、鸽巢就相当于"抽屉"。

(三)完善模型,运用模型

关键问题:抢凳子游戏中,3 个人抢 2 张凳子,什么相当于物体?什么相当于抽屉?

关键问题:生活中有抽屉原理吗?这里谁是抽屉?

(四)回顾整理、总结收获

讨论:同学们,回顾今天的学习过程,你有什么收获?还有什么疑问?

过关清单

基础性练习

1. 8只鸽子飞回3个鸽舍,至少有(　　)只鸽子要飞进同一个鸽舍。

2. 一只袋子里有许多规格相同但颜色不同的玻璃球,颜色有红黄绿三种,至少取出(　　)个球才能保证其中有2个球的颜色相同。

发展性练习

从(　　)个抽屉中拿出25个苹果,才能保证一定能找出一个抽屉,从它当中至少拿出7个苹果。

5. 评价与检测

依据表4.14对本单元课程作出评价。

表4.14 "数学广角"大单元持续性评价题目

评 价 题 目	评 价 重 点
1. 甲、乙、丙三位老师分别教语文、数学和英语。 (1) 每个老师只教一门课; (2) 甲上课全用普通话; (3) 外语老师是一个老师的哥哥; (4) 丙是一位女教师,她比数学老师年轻; 问:三位老师各教什么课?	考查学生是否会利用连线法或者表格法来进行推理
2. (1) 用4、0和7可以组成(　　)个不同的三位数,其中最大的数是(　　),最小的数是(　　)。 (2) 有一些1元、5角和1角的钱币,要买一支1元5角的笔,有(　　)种不同的付钱方法。	通过操作、观察等活动,巩固学生对于简单事物排列和组合的规律的知识,进一步渗透排列和组合的思想方法,培养学生有序、全面地思考问题的意识
3. 二(1)班有同学57人,每人至少喜欢语文或数学中的一种,其中喜欢语文的有45人,语文和数学都喜欢的有24人,喜欢数学的有多少人?	通过变式练习,考查学生能否利用韦恩图来思考并解答
4. 某次数学测验共20题,做对一题得5分,做错一题倒扣1分,不做得0分。小华得了76分,问他做对几题?	考查学生能否采用假设法来解决"鸡兔同笼"问题,能否把生活中的类似问题和"鸡兔同笼"建立起联系

评价题目	评价重点
5. 小明早晨起来是这样安排的： (1) 刷牙、洗脸 3 分钟； (2) 淘米 2 分钟； (3) 用电饭锅煮饭 18 分钟； (4) 背英语单词 12 分钟； (5) 吃早饭 8 分钟。 结果用了 43 分钟才去上学。请你合理安排，使小明起床后用最短的时间就能上学（用流程图表示出过程）	考查学生能否利用优化的思想寻求解决问题的最优方案
6. 一条小道两旁，每隔 5 米种一棵树（两端都栽），共种 202 棵树，这条路长多少米？	通过变式练习来考查学生是否掌握了植树问题的三种情况，能正确区分植树棵数和间隔数之间的关系
7. 一箱苹果有 15 袋，其中有 14 袋质量相同，另外有 1 袋质量轻一些，至少称几次能保证找出这袋苹果？（请你试着表示称的过程）	考查学生对于找次品的逻辑推理过程的掌握
8. 观察下面的点阵图规律，第(9)个点阵图中有（　　）个点 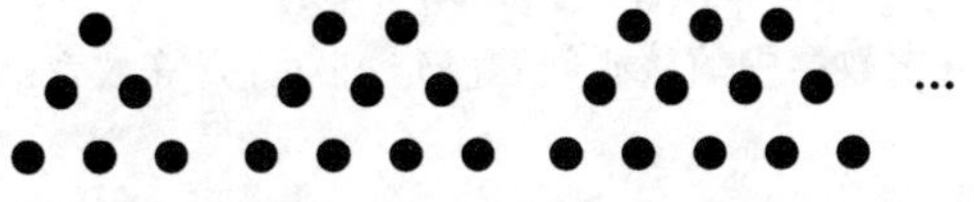 (1)　　(2)　　(3)	考查学生通过已知图形的排列特点及数量关系，推理得出一般结论并进行解答的能力
9. 箱子中有 5 个红球，4 个白球，至少要取出（　　）个才能保证两种颜色的球都有，至少要取（　　）个才能保证有 2 个白球 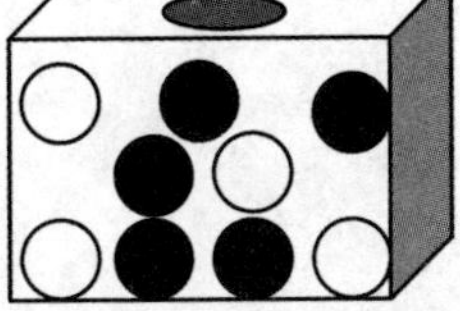	考查学生能否灵活运用抽屉原理的知识解决实际问题

参 考 文 献

［1］义务教育数学课程标准［S］.北京:北京师范大学出版社,2012.

［2］马云鹏.深度学习:走向核心素养,学科教学指南:小学数学［M］.北京:教育科学出版社,2019.

［3］陈静静.学习共同体:走向深度学习［M］.上海:华东师范大学出版社,2020.

［4］王永春.小学数学思想方法解读及教学案例［M］.上海:华东师范大学出版社,2017.

［5］郑毓信.国际视角下的小学数学教育［M］.北京:人民教育出版社,2003.

［6］高向斌.小学数学教学与研究［M］.北京:人民教育出版社,2011.

［7］徐文彬.数学课程与教学研究:小学卷:1979—2009［M］.南京:南京师范大学出版社,2012.

［8］李光华,李双娥.小学数学"数学广角"内容分析及教学策略［J］.教学与管理,2019(1):45-47,6.

［9］陈静静,谈杨.课堂的困境与变革:从浅表学习到深度学习:基于对中小学生真实学习历程的长期考察［J］.教育发展研究,2018,7(15/16):90-96.

［10］郭华.深度学习及其意义［J］.课程•教材•教法,2016(11):25-32.

［11］刘月霞,郭华.深度学习:走向核心素养［M］.北京:教育科学出版社,2018.

［13］史宁中.基本概念与运算法则:小学数学教学中的核心问题［M］.北京:高等教育出版社,2013.

［14］钟启泉,崔允漷.核心素养与教学改革［M］.上海:华东师范大学出版社,2018.

［15］课程教材研究所,小学数学课程教材研究开发中心.数学［M］.北京:人民教育出版社,2014.

后　记

　　铜陵市小学数学名师工作室成立于2019年底，是铜陵市教育局认定的首批名师工作室。工作室本着"研究、提升、辐射、引领"的工作理念，以激发成员自主发展的内驱力为核心，培养了一支有教育理念、有教学智慧、有学科素养的名师团队，带动了整个铜陵市小学数学教师队伍的建设和发展。

　　常言道：一个人走，会走得很快，而一群人走，会走得很远。

　　两年来，工作室紧紧围绕"教师专业成长"这一核心，确立了"专业引领、同伴互助、交流研讨、共同发展"的宗旨，以课堂教学为主阵地，以课题研讨为抓手，开展了一系列的活动，充分发挥了示范、引领、带动和辐射的作用。

一、理论学习：种下课堂变革的种子

　　理论学习是夯实名师成长的基础，工作室每学期开学初都会推荐一部分书籍供成员学习，使教育实践与理论紧密结合、互相促进。在两年多的时间里，工作室成员共同阅读了大量书籍，如《学生视野中的小学数学问题研究》《小学数学研究》《深度学习：走向核心素养》《学习共同体：走向深度学习》，并且在线阅读了大量的电子学术期刊。在大量阅读的基础上，最终确定以"大单元教学下深度学习案例"为工作室的研究方向。

二、课堂实践：新芽破土而出

　　课题研究是教师成长的催化剂，工作室通过成员承担工作室课题的方式，让成员经历实践研究的全过程，提高每个成员的教育实践研究能力。2020年6月，铜陵市小学数学名师工作室承担了两项市级课题：《小学数学课堂深度学习共同体建设的实践研究》和《基于深度学习理念下的数学问题情境教学策略实践研究》。

　　真正的名师出自课堂，工作室结合成员的本职工作，以成员学校为基地学校，广泛开展有关"大单元教学下深度学习案例"的研讨、摩课等活动，在教学实践中提高每位成员设计"大单元教学下深度学习案例"活动的能力，积极探索"大单元教学下深度学习案例"的课堂教学模式，为名师成长奠定基础。

三、撰写《大单元教学下深度学习案例研究》：开花结果

　　从2019年开始接触"大单元教学下深度学习案例"的真实课堂，两年多时间里，我们一直致力于对"大单元教学下深度学习案例"的研究与实践。面对教育和

课堂的种种困境，我们没有一味去抱怨、等待，而是自觉地行动起来，去观察、去思考、去改变。

"高速而压缩化的课堂教学进度与缓慢而复杂的学生学习历程之间存在巨大落差，学生的真实学习需求未能得到关注和回应"。因此，改变课堂困境，使学生从虚假学习、浅表学习走向深度学习，课堂的系统化变革势在必行。工作室把握课堂教学改革现状，选择佐藤学教授的学习共同体理论，围绕"深度学习模型建构"这一主题，探究"深度学习模型"，研究如何激发学生"自主创造"，保障学生的学习权，促进每一位学生的深度学习，让课堂呈现生命力，"保障每一位儿童高品质的学习权"。变"发言热闹的教室"为"用心相互倾听的教室"，让学生可以安心地说出"我不懂"，发掘学生不同的个性。

通过培训、观摩、实验与高校合作等方式，带领教师由"观教"到"察学"，转变成"真正的观察员"。每个教师都要进行个案研究，研究一个学生，记录其完整的学习状态，包括语言、动作、行为、身体姿态表情、学习单以及与其他孩子的互动情况，由此发掘知道学生的观点，从而敬畏他们所处的发展状态。通过实验、课堂观察、课例剖析、同课异构等形式，从"课堂氛围的营造""课堂学习的深化"两个方面着手分五个版块研究如何进行高品质学习设计，培育学生高阶思维，让深度教学真正发生，从而提升教师的"课堂领导力"。在大量一线研究的基础上，我们得到了这本《大单元教学下深度学习案例研究》。

四、结语

在本书的撰写过程中，铜陵市师范附属第二小学的张骋校长和铜陵市天津路小学吴文俊老师做了大量的策划、研究、组织、分析和整理工作。铜陵市田家炳小学许成益老师、铜陵市师范附属第二小学吴小燕老师、铜陵市实验小学铜都校区赵永康老师、铜陵市金山路小学汪娟娟老师、铜陵市义安区七零一小学唐长云校长、铜陵市义安区顺安中心小学周春燕校长、枞阳县麒麟镇阳和小学吴金花校长、铜陵市新建中心学校叶小兰老师参与了研究的全过程，在"大单元教学下深度学习案例"研究的设计、改进、观摩、总结等环节中发挥了重要作用。正是工作室全体成员的共同努力，才取得了"大单元教学下深度学习案例"的系列成果。

希望本书的出版为"大单元教学下的深度学习案例"的理论研究与实践探索提供参考，为研究小学数学打开一个新的天地。这一研究成果的效果如何，尚期待更多一线教师的课堂实践来验证，更希望得到专家和读者的批评指正。

张骋　吴文俊